이것은 작은 브랜드를 위한 책

확장판

이것은 작은 브랜드를 위한 책

이근상 지음

북저널리즘

38

"우주에 흔적을 남겨라"

mons 에스프

목차

쿨메달

ugly us

MO.
BETTER
WORK$
모베러웍스

noma

CATCHTABLE

Americano

Americano
Express

DARK ROAST
FLAVOR: BLACK CHOCOLATE, BROWN
SUGAR, HERBAL

SATURNINO
Espresso Coffee

12--0.07 OZ (2G) Packs
Net Wt: 0.85 OZ (24G)

11

프롤로그

이 책을 쓰기 시작했을 때 제목은 '작은 브랜드의 나라'였다. 큰 브랜드들 틈바구니에서 고군분투하고 있는 작은 브랜드를 위한 '응원서' 하나 써보자는 생각이었다. "그런 책 내면 절대 안 팔린다."는 주변의 만류와 (실제로 몇 군데 출판사에서 거절당했다.) 여러 차례의 고쳐 쓰기 과정을 통해 『이것은 작은 브랜드를 위한 책』이라는 이름으로 완성되었다. 앞으로 채워나가야 할 부분이 많아 '작은 브랜드를 위한'이라는 수식어가 좀 멋쩍 긴 하지만, 작은 브랜드가 성공할 수 있는 길을 제시하는 출발점을 만들었다는 점에서는 의미가 있을 것이다.

생각이 같은 사람을 만나는 것은 무척 반가운 일이다. '작은 브랜드'에 대해 같은 생각을 하고 있는 사람들이 이 책을 매개체로 만나 서로 의견을 나누고 힘과 용기를 얻을 수 있게 되길 바란다. 이 책은 누가 누구에게 무엇을 가르치는 지침서가 아니다. '작은 브랜드'에 대한 새로운 생각을 공유하면서 자신만의 목표와 방법을 찾아가도록 만드는 촉매제가 되었으면 한다. 이 책을 끝까지 읽어나갈 생각이라면 두 가지의 중요한 전제, 즉 '왜 작은 브랜드인가?'와 '무엇이 작은 브랜드인가?'에 대해 어느 정도 합의할 필요가 있다. 모두 똑같은 해석을 할 필요는 없지만 같은 곳을 바라보며 출발하는 것이 중요하기 때문이다.

30년 넘게 (주로) 큰 브랜드를 위해 브랜딩과 마케팅 그리고 광고를 해왔던 사람으로서 '작은 브랜드'라는 주제를 다루는 것이 마치 배교자가 된 것 같은 느낌이 들기도 한다. 하지만 변해야 하는 것은 변해야 한다. 어느 날 고개 들어 사방을 둘러보니 세상은 엄청나게 달라져 있었다. 무엇보다 세상을 바라보는 사람들의 관점이 그러했다. '나'에서 '우리'라는 관점으로, '성장 지향성'에서 '지속 가능성'이라는 잣대로 세상을 대하기 시작한 것이다. 브랜드를 받아들이는 소비자의 태도 또한 크게 변화했다. 광고를 통해 브랜드의 메시지를 일방적으로 수용하던 소비자들이 정보 생산과 탐색의 주체가 되어 제삼자의 관여 없이도 스스로 브랜드를 찾아내고 선택하고 있다.

이런 변화 속에서 그동안 큰 브랜드를 성장시켰던 기존의 방식은 점차 동력을 잃고 있다. 반대로 작은 브랜드는 지금까지와는 다른 방식으로 성장해 자신만의 영역을 구축할 수 있는 기회를 맞게 되었다. 작은 브랜드는 큰 브랜드의 방식으로 큰 브랜드와 싸워서는 안 된다. 큰 브랜드와는 다른 자신만의 길을 찾아야 한다. 이 책이 그 안내자 역할을 했으면 하는 바람이다.

그렇다면 어떤 브랜드가 '작은 브랜드'인가? '작은'은 절대적 크기나 규모의 개념이 아니다. 상대적 개념으로서 '작은'을 받아들여야 한다. 상대적이라는 것은 기대어 비교할 것이 있다는 것인데, 그 상대가 바로 '큰 브랜드'이다. '큰 브랜드'는 상징적 개념이다. 빠르게, 가능한 한 크게, 최대한 넓게 성장해 온 브랜드나 기업을 통칭하는 것으로 하자. 그렇다면 작은 브랜드의 정의는 '느리게, 적게, 좁게'가 될 것이다. 크고 빠르게 작은 브랜드를 성장시킬 수 있는 비책이라도 있을까 싶어 이 책을 선택하는 분들이 들으면 실망할 만한 이야기이다. 하지만 작은 브랜드가 성장하기 위해서는 이제 빠른 성장의 패러다임에서 벗어나야 한다. 성장기까지는 하룻밤 사이에 키가 얼마나 컸는가가 관심사일 수 있다. 하지만 성인이 되어서까지 키 재기를 하는 어리석은 일을 하지 말자는 것이다. 어느 정도 성장한 사람(지금의 우리 경제가 그러하다.)은 지적으로, 감성적으로 그리고 인간적으로 깊어져야 한다. 작은 브랜드가 그런 역할을 해야 한다. 이 책에서 이야기하는 것들은 큰 브랜드와도 무관하지 않다. 큰 브랜드도 지금까지의 마케팅 방식이나 소비자를 대하는 태도를 바꿔가야 한다. 책의 내용이 큰 기업, 큰 브랜드가 지금까지 지향해 온 방향과는 잘 맞지 않을 수 있다. 하지만 가능한 것들을 몇 가지 골라 실천하길 권한다. 큰 브랜드에 진정성이라는 무기를 장착할 수 있는 기회가 될 것이다.

끝까지 포기하지 않고 책을 완성할 수 있도록 필요할 때마다 용기를 북돋워준 몽스북 안지선 대표께 감사의 뜻을 전한다. 그리고 빛의 속도로 자료를 찾아 원고의 빈틈을 메워준 윤지영 플래너의 공도 이 책에 상당 부분 들어가 있음을 알려드린다.

2021년 12월

이근상 Chief Idea Director/KS'IDEA

2쇄만 찍어도 성공이라는 소박한 희망을 품고 이 책을 출간한 지 벌써 4년이 넘는 시간이 흘렀다. 책을 처음 쓰기 시작했을 때의 목적을 충분히 달성했다 할 만큼 필요한 분들께 책은 전달되었고, 책 이외의 다양한 경로를 통해 그분들을 직접 또는 영상을 통해 만나기도 했다. 그렇게 의미 있는 시간을 보내면서도 숙제 하나 빼먹은 것 같은 찜찜함이 늘 마음 한편에 남아 있었다. 몇 개의 오타는 재쇄를 하면서 바로잡았지만, 글을 쓸 당시와 상황이 바뀐 몇몇의 사례가 계속 마음에 걸렸다.

몇 년간 정리하지 않은 옷장을 못 본 척하듯 께름칙한 마음을 묻고 지내던 차에 몽스북의 안지선 대표가 먼저 말을 꺼냈다. 고쳐야 할 곳을 새로 써서 개정판을 내는 것이 좋겠다고 했다. 몇 년 만에 책을 다시 열어 한 줄 한 줄 읽어보았다. 읽으면 읽을수록 고쳐 써야 할 곳이 늘어났다. 지난 4년간 생각보다 많은 것이 달라져 있었다. 몇 군데 내용을 고쳐 써서 개정판을 내려던 계획을 바꿔 사례 중 많은 부분을 내용에 더 적합한 새로운 것으로 갈아 넣고, 아예 전에 없던 내용을 추가하기로 했다.

작은 브랜드에 관심을 갖고 무언가를 해야 하겠다고 생각하기 시작했던 10여 년 전과 비교해 보면 상황은 놀랄 만큼 달라졌고 이런 변화는 점점 빨라지고 있다. 큰 브랜드가 주도하던 소비 시장의 일부분을 이제는 작은 브랜드들이 이끌어가고 있을 뿐만 아니라, 일부분이라는 말이 무색할 정도로 작은 브랜드의 영토가 넓어지고 있는 현상이 여러 곳에서 발견되고 있다. 그리고 변화의 중심 역할을 했던 작은 브랜드들 역시 다양한 시행착오를 겪으며 부침의 과정을 경험하고 있기도 하다. 진정성을 근간으로 하는 본질이 점점 더 중요해지고 있다는 핵심 원칙은 변함없지만, 브랜드가 지향하는 본질을 소비자와 공유하는 방식이나 본질의 구체적인 방향성 같은 것들은 하루가 다르게 변화하고 있는 것이다.

원래 이 책은 성장의 방법을 고민하고 있는 작은 브랜드를 위해 거시적 관점에서 원론을 공유하기 위해 쓴 것이니, 빠른 속도로 변화하고 있는 트렌드나 소비자 관심사를 일일이 따라잡는 것은 책의 목적과 어울리지 않는다. 하지만 경우에 따라서는 어제까지 옳았던 일이 오늘의 관점에서 보면 합당하지 않은 것이 되기도 하고, 얼마 전까지만 해도 생각해 내기 힘들었던 방법들이 기술의 빠른 진화로 인해 가능해지기도 하니 정신을 바짝 차리고 상황의 변화를 관찰하는 일은 반드시 계속해야 할 것이다. 이미 용도 폐기된 내용으로 도움이 절실한 분들을 호도해서는 안 될 일이다. 이 책을 원하는 분들이 사라지지 않는 한 조금 더 빠른 속도로 내용을 손질하는 작업을 계속해야 하겠다. 그래야 '이것은 작은 브랜드를 위한 책'이라는 거창한 제목에 부끄러움이 없을 듯하다.

이번 확장판을 준비하는 과정에서 새롭게 알게 된 사례나 현상들을 모두 싣지는 않았다. 널리 알려지지 않은 새로운 브랜드의 사례를 찾게 되면 레어템을 손에 넣은 듯한 뿌듯함과 남보다 앞서 알리고 싶은 조급한 마음이 들기도 했지만, 원론적 이야기를 이해하는 데 큰 도움이 되지 않는 것들은 다음을 위하여 저장해 두었다. 이번 확장판이 끝이 아니라 지속적 진화의 첫 단추이길 바라는 마음이다. 책이 독자에게 뒤처지는 일이

생기지 않도록 애쓰겠다는 말로 모든 감사의 인사를 대신하고
싶다.

2025년 1월, 변화의 한가운데에서

이근상

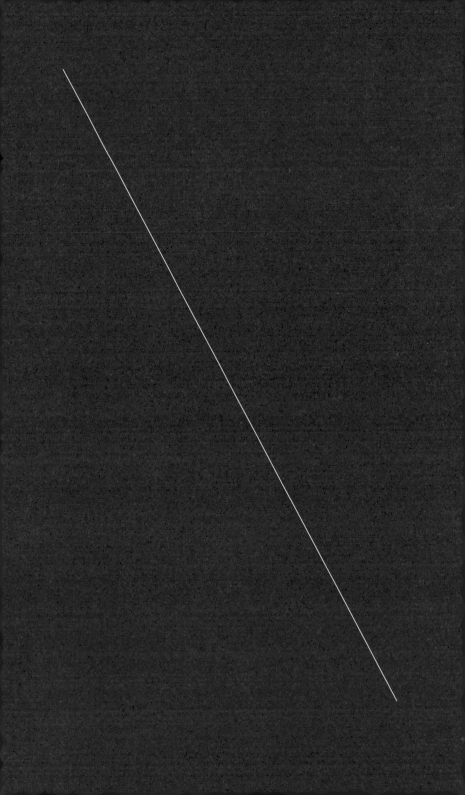

성공의 개념을 바꾸자

얼마나 작게 존재한다

1

책을 주문하고 받아보는 데 평균 9개월 걸리는 출판사가 있다. 폐직물이나 헌 옷을 가공해 종이를 만들고 그 위에 실크 스크린으로 인쇄를 한 후에 손으로 꿰매 책을 만들기에 그렇다. 세상에서 가장 아름다운 책을 만드는 출판사로 알려진 타라북스 Tarabooks의 이야기이다.

타라북스는 남인도의 첸나이Chennai에서 20여 년 전 어린이 도서 전문 독립 출판사로 시작한 작은 출판사이다. 출판업의 중심지도 아닌 곳에서 어린이를 위한 그림책을, 그것도 느리게 만드는 작은 브랜드가 전 세계의 주목을 받고 있는 이유는 무엇일까? 위에서 이야기했듯이 이들은 세상에서 가장 아름다운 책을 만들기 위해 노력한다. 하지만 그것이 타라북스라는 이름을 전 세계 사람들에게 알린 이유의 전부가 아니다. 이 브랜드가 지향하는 '우리는 작게 존재한다.'라는 철학에 많은 사람들이 동의하기 때문일 것이다. 이들에게 중요한 것은 많이 팔리는 책을 기획하고 출판해서 양적 성장을 하는 것이 아니다. 좋은 내용의 아름다운 책을 만들고, 그 책을 만드는 사람들과의 관계를 소중하게 유지하기 위해서는 브랜드가 작게 존재해야 한다고 생각하는 것이다.

성공을 크기와 속도의 측면에서 정의하는 사람들에게는 쉽게 납득이 되지 않는 이야기일 것이다. 하지만 모두가 빨리, 많이 팔리는 책을 만들기 위해 애쓴다면 아름다운 책은 누가 만들까? 남보다 빠르고, 남보다 크게 만드는 것이 지금까지의 성공이었다면 이제는 달라져야 한다. 그리고 이것은 이 책의 주제인 '작은 브랜드'와 밀접하게 관련되어 있다.

사람도 나무도 일정한 시기까지는 높이의 성장을 한다. 하지만 '어느 시점'에 도달하면 높이는 더 이상 성장의 척도로서 역할을 하지 못한다. 높이의 성장이 어느 정도 완성되기 시작하면 이후의 키워드는 속도와 크기가 아니라 질과 깊이가 되어야 한다.

나는 (여러분이 이 책을 읽고 있는) 지금이 바로 '어느 시점'이라고 생각한다. 두 가지 측면에서 그렇다. 첫 번째는 브랜드의 구매 주체인 소비자가 변화하고 있고, 두 번째는 소비 경제라는 숲의 지속 가능성이 화두로 떠오르고 있다는 것이다. 소비자 측면에서의 변화는 '원하는 것'(마케팅에서 사용되는 needs와 wants를 이 책에서는 이렇게 쓰고자 한다.)의 다양화이다. 굳이 '매슬로의 욕구 5단계'를 언급할 필요도 없이, 사람들이 '원하는 것'은 시간의 흐름에 따라 업그레이드되고 이는 다양화라는 모습으로 나타난다. 세대 구분의 기준이 되는 30년 전과 지금의 마트 풍격을 비교해 보면 그 변화를 쉽게 알 수 있다. 두 종류에 불과하던 맥주는 수십 가지로 늘어났다. 맛도 다르고 제조 방법도 다르다. 알코올이 들어 있지 않은 맥주도 있다. 누군가는 계속해서 대중적으로 많이 팔리는 맥주를 만들고 있지만, 누군가는 가격이 좀 비싸더라도 선물로 줄 수도 있는 맥주를 만들어 판다. 소비자가 원하는 것을 몇 가지의 기준으로 단순하게 나누기 어려워지고 있다. 이런 변화에 대응하려면 속도와 크기를 기준으로 성공을 정의하는 것은 분명 한계가 있다.

타라북스의 사례에서 보듯이 누군가는 천천히 아름다운 것을 만들며 일부러 몸집을 작게 유지해야 하기 때문이다. 이런 일을 하기에 큰 브랜드는 여러 이유로 적합하지 않다. 무엇보다 큰 브랜드는 크기의 성장을 전제로 한다. 그렇기 때문에 크기의 성장이 보장되지 않는 작은 시장에 머물러 있을 수 없다. 또한 수익이 예상되는 소비자 계층을 겨냥해 그들이 좋아할 만한 제품이나 서비스를 만들어내는 일에 익숙한 큰 브랜드가 다양하게 세분화되고 있는 '원하는 것'에 부합하는 무언가를 만들어내는 일은 쉽지 않다.

또한 소비 경제라는 이름의 숲도 이제는 지속 가능성을 생각해야 하는 시점이 되었다. 그동안 우리의 소비 경제는 큰 나무들로 가득한 숲이었다. 어쩌면 지금까지는 크기의 성장을 위해 그런 숲의 구조가 필요했을지 모르겠다. 하지만 이제 그 숲에는 다양한 종류의 식물 군락이 생겨나야 한다. 그래야 숲이 건강해지고, 지속 가능해지기 때문이다. 머리로는 이해가 되는 이야기이면서도, 막상 내가 그 대상이 되면 받아들이기 쉽지 않다. '계속 작은 브랜드로 남아 있으란 말인가?'라는 질문에 그 누구도 쉽게 '그렇다'라고 답하기 어려울 것이다.

한 단계 높은 수준의 소비 경제로 진화하기 위해서는 성공의 개념부터 바꿔야 한다. 모두가 한 곳을 향해 빠른 속도로 달려 가장 높이 올라가는 것이 성공이었던 시절은 지나갔다. 그 시절의 잣대로 판단하고 결정하는 일은 이제 그만해도 된다. 각자가 바라보는 방향을 향해 걸어가면 속도에 상관없이 그 길에서 모두 일등이 될 수 있다.

이미 브랜드의 성공을 정의하는 표현은 '점유율 1위의', '시장을 주도하는', '1등을 위협하는' 등의 순위를 나타내는 것 이외에도 '착한 소비를 위한', '새로운 라이프스타일을 제안하는', '느림의 미학을 실천하는' 등의 수식어가 속속 등장하고 있다.

어떤 성공을 추구할 것인가는 각자의 선택이다. 하지만 작은 브랜드가 성공의 영역으로 삼을 수 있는 형용사는 무궁무진하다. 굳이 큰 브랜드에게 유리한 '크기'라는 잣대를 성공의 기준으로 삼는 것은 시대착오적 발상이다. 자신에게 어울리는 성공의 새로운 잣대를 마련하자.

▽

크기의 잣대로 성공을 측정하던 시대는 지나갔다.
성공의 개념을 바꾸면 자기만의 잣대를 만들 수 있다.
일등이 될 수 있는 자신만의 형용사를 찾아라.

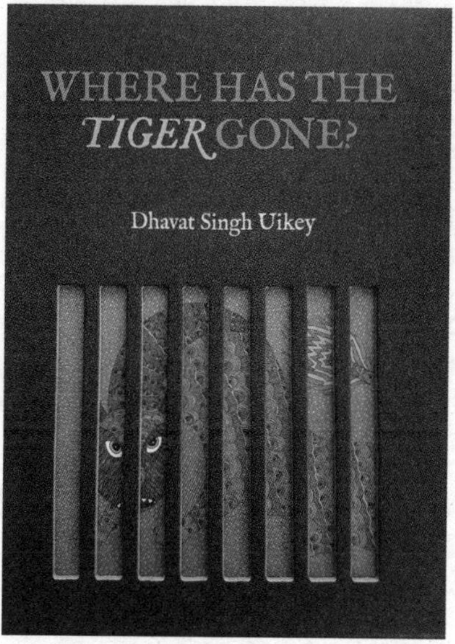
WHERE HAS THE
TIGER GONE?
Dhavat Singh Uikey

크기의 개념을 바꾸자

'한나맥', '절' 만드는 힘

2

2020년 시작된 코로나19 팬데믹으로 호황을 누렸던 분야 중 하나가 맥주다. 주세법 개정으로 수제 맥주의 양조가 가능해진 것과 함께 집에서 술을 즐기는 이른바 '홈술' 문화의 확산에 따라 수많은 브랜드의 수제 맥주가 등장했고, 그중 일부는 괄목할 만한 성장세를 보이며 브랜드 파워를 키워 나갔다. 하지만 엔데믹으로 접어들면서 대부분의 브랜드가 어려움을 겪기 시작했다.

일단 밖에서 술을 마시는 비중이 다시 늘어나면서 유통의 대부분을 편의점에 의존해 '편의점 맥주'라는 이미지가 굳어졌던 수제 맥주는 매출 부진을 겪을 수밖에 없었고, 주류 트렌드도 위스키나 하이볼 등으로 옮겨 가면서 더욱 힘든 상황을 맞게 되었다. 게다가 무분별한 컬래버레이션에 염증을 느낀 소비자들의 외면도 한몫을 했다.

이런 상황 속에서도 2023년 기준 전년 대비 182%의 매출 성장을 기록하고 있는 맥주 브랜드가 있다. 오리지널 비어 컴

퍼니Original Beer Company, OBC가 그것이다. 2019년 11월 설립된 OBC는 기존 맥주 시장에 진입했던 수제 맥주 브랜드들과는 다른 전략을 선택했다. 납품 단가를 낮추고 판매 규모 확대에 힘쓰는 대신 한국 맥주가 맛이 없다는 편견을 깨기 위해 제품의 품질을 높여 '맛있는' 맥주의 가능성을 보여주자는 목표를 설정했다. 이에 따라 패키징부터 유통, 마케팅까지 모든 과정에서 '맥주의 맛'을 최우선에 두었다.

일단은 와인이나 위스키 등을 숙성시킨 배럴통에 맥주를 넣어 발효시키는 배럴 에이징 방식을 고수하고 있다. 이는 대량 생산이 어려워 유럽에서도 일부 수제 맥주 브랜드만이 유지하고 있는 방식이다. 이렇게 생산된 맥주를 샴페인과 같은 방식으로 병입한 후 코르크 마개로 마감을 한다. 그리고 높은 비용을 감수하면서 처음부터 끝까지 냉장 유통을 추구하여 맥주의 맛을 유지하고 있다. 이런 노력에 힘입어 국내 맥주로는 최초로 '월드 비어 어워드'에서 수상하며 그 품질을 인정받기도 했다.

현재 OBC는 6종의 상시 제품 라인과 2종의 시즈널 제품을 판매하고 있는데, 1병당 2만 5천 원이 넘는 비싼 가격에도 불구하고 브랜드의 파워를 지속적으로 키워가고 있다. 어떤 이유로 수제 맥주 시장의 전반적인 하락 속에서 OBC는 성장하고 있는 것일까? 그것은 '맥주의 맛'을 기반으로 한 이 제품을 '특별한 순간을 기념하는 맥주'가 되도록 브랜딩을 한 결과이다. 5만 원 정도의 비용을 들여 맥주 2병이 들어간 선물 박스를 초대된 모임에 들고 가도 전혀 손색이 없다. 오히려 색다르고 센스 있는 선물로 환영받는다. OBC의 일관된 브랜딩 노력이 이 브랜드에게 '선물하기 좋은 맥주'라는 아주 훌륭한 존재의 이유를 만들어주고 있는 것이다.

청주공항을 거점으로 한 항공사가 있다. 그것도 2024년 국제 노선 취항 전까지는 청주와 제주를 오가는 국내 노선 하나만 있었던 작은 항공사이다. 최근 관심의 대상이 되고 있는 에어로케이Aero K라는 LCC(저비용 항공사) 이야기이다. 지방에서 시작한 단일 노선의 작은 브랜드가 관심을 끌고 있는 이유는 무엇일까?

브랜드명이 이유의 많은 부분을 설명해 준다. 에어로케이라는 이름은 Korea를 거꾸로 읽은 것이다. 그들은 '불편하지만 당연하게 여기는 것들을 과감하게 뒤집자'는 방향성을 설정하고 이에 맞춰 수많은 시도를 하고 있다. 단일 노선을 운영하는 기업으로서 과하다 싶을 정도의 투자를 통해 브랜드를 만들어가고 있다. 항공사 최초로 남녀 구분이 없는 젠더리스 유니폼을 선택했고, 성차별적 표현을 지양하기 위해 'Ladies and gentlemen' 대신 'Hello, Passengers'라는 멘트를 사용하고 있다. 이 밖에도 '각자의 업계에서 새로운 시도를 주저하지 않는' 브랜드들과 컬래버레이션을 시도하며 브랜드가 전달하고자 하는 메시지를 강화하는 노력을 하고 있다. 독립 책방과의 컬래버레이션을 통해 기내 서점을 운영하기도 하고, 친환경 스니커즈 브랜드인 마더그라운드와 협업하여 승무원용 신발을 디자인하기도 했다. 이 외에도 최근 인기를 얻고 있는 패션 브랜드, 마뗑킴과 함께 활동성이 좋은 맥시 후디 점퍼와 클러치 벨트백을 출시하기도 했다.

브랜딩을 위한 이러한 노력은 그들이 집행했던 크루 모집 광고의 카피처럼, '한계 없음', '규격 없음', '편견 없음', '제한 없음'이라는 가치와 문화에 동의하는 타깃을 대상으로 한 것이었다. 그들은 자신이 관계를 맺고 싶은 고객들을 대상으로 정확한 메시지를 지속적으로 커뮤니케이션 함으로써, 고객이 이 브랜드를 선택해야 하는 이유를 만들어가고 있다. 규모 면에서는 가장 작지만, 존재감으로는 절대 작지 않은 브랜드로 성장해나가고 있다.

소비자가 '원하는 것'은 점점 다양화되어 시장은 세분화되고 있다. 몇 개의 대형 브랜드가 시장의 수요를 충족시키던 시대는 끝났다. 3개의 브랜드가 시장을 나눠 가지면 33%의 시장 점유율이 목표가 될 수 있지만, 100개의 브랜드가 존재하는 시장에서는 더 이상 물리적 수치로서의 점유율은 의미가 없다. 이제 브랜드의 크기란 소비자 마음속에 브랜드가 차지한 인식의 크기가 되어야 한다. 브랜드가 차지하는 인식이란 그 브랜드가 소비자의 삶 속에서 존재해야 하는 이유이다. 존재의 이유가 큰 브랜드는 소비자와의 관계를 지속적으로 유지할 가능성이 높다. 어느 한 시기의 높은 시장 점유율로 매출 목표를 달성하는 제품이나 서비스가 반드시 좋은 브랜드가 되는 것은 아니다. 하지만 소비자와 단단한 연결 고리를 가진 제품이나 서비스는 오랜 기간 소비자와 관계를 유지하며 브랜드의 파워와 가치를 꾸준히 키워갈 가능성이 크다. 크기의 개념을 바꿔야 하는 이유이다.

▽

매출이나 시장 점유율이 브랜드의 위상을 말해 주던 시대는 지나갔다.
소비자의 삶 속에서 존재의 이유를 키워야 한다.

라포rapport를 만들라

바로 이런 거야!

3

누구든지 아이디어만 있으면 제품이나 서비스를 개발할 수 있는 시대가 되었다. 컴퓨터와 인터넷으로 인해 기업이 갖추어야 할 노동, 자본, 토지라는 3요소의 역할이 변화한 것이다. 공장이나 사무실 없이도 혼자서 얼마든지 브랜드를 만들 수 있다 보니, 자신이 생활 속에서 느꼈던 불편함이나 아이디어를 활용한 제품이나 서비스가 속속 등장하고 있다. 인스타그램이나 온라인 쇼핑몰에서 이런 브랜드를 발견하고는 '그래, 내가 원했던 것이 바로 이런 거야!' 하면서 무릎을 쳤던 경험이 있을 것이다. 이는 만든 사람과 그것을 쓰는 사람의 생각이 맞아떨어져 둘 사이에 상당한 공감대가 만들어진다는 것인데, 이를 잘 설명할 수 있는 단어가 '라포rapport'라는 프랑스어이다. 주로 심리학에서 쓰는 용어인데, 치료자와 환자 사이에 신뢰를 기반으로 한 친밀도를 의미한다. 브랜드와 소비자 사이의 라포는 '바로 이런 거야!'와 같은 반응을 통해 만들어진다.

브랜드와 소비자 사이의 라포를 통해 짧은 시간 안에 강력한 브랜드가 된 사례 중 하나인 그라짜 올리브오일Graza olive oil의 이야기를 해보려고 한다. 2020년 11월 미국에서 탄생한 이 브랜드는 출시 첫 주에 10만 달러의 매출을 기록했고, 2024년에는 약 4천 8백만 달러의 매출을 올릴 것으로 예상된다고 한다. 2023년 기준 미국 전역 약 3천 개 매장에 입점되었다고 하니 짧은 시간 안에 강력한 브랜드가 되었다는 표현이 절대 과장이 아니다. 이미 수없이 많은 브랜드가 경쟁하고 있는 레드오션인 올리브오일 시장에서 이런 초짜 브랜드가 주목을 받고 성장하고 있는 이유는 무엇일까?

그라짜 올리브오일의 공동 창업자인 앤드류 베닌Andrew Benin은 스페인 출신인 아내를 따라 스페인 여행을 하던 중 그곳에서 갓 짜낸 올리브오일을 맛보며 맛있는 올리브오일이 비쌀 이유가 없다는 것을 깨닫고, 자신이 직접 제품을 만들겠다는 계획을 세웠다. 고급 양파 브랜드도, 고급 마늘 브랜드도 없듯 고급 올리브 브랜드도 있을 필요가 없다는 생각 아래, 고품질의 올리브오일을 합리적인 가격에 제공하는 브랜드를 만들었다. 판매하고 있는 제품은 요리용의 시즐Sizzle과 샐러드용의 드리즐Drizzle, 두 가지로 모두 재활용 가능한 플라스틱 소재로 만들어진 스퀴즈 병을 사용한다. 게다가 두 제품 모두 16달러(시즐 750ml), 21달러(드리즐 500ml)라는 낮은 가격으로 판매하고 있다. 맛있는 올리브오일이 비쌀 이유가 없다는 소비자의 인식, 그리고 고급 유리병이 아니라 플라스틱 스퀴즈 병이 현실적으로 사용에 훨씬 편리하다는 상식이 엄청난 파괴력을 가진 라포를 만들어낸 것이다.

2000년대 초반쯤 새로운 사업 거리를 찾던 친구에게 사업 아이템을 하나 제안한 적이 있다. 냉동 커피 캡슐을 만들면 어떻겠냐는 아이디어였다. 당시 하루에 커피를 다섯 잔 이상 마셨던 커피 마니아로서 좀 더 간편하게 좋은 품질의 커피를 마실 수 있는 방법을 고민하다가 나온 생각이었다. 친구도 내 생각에 동의하며 식품 연구소 같은 곳들과 의논을 하는 듯하더니, 뭔가 여의치 않았는지 중간에 포기하고 말았다.

나와 같은 생각을 했던 사람이 미국에 있었다. 2015년 커미티어Cometeer라는 급속 냉동 커피 캡슐 브랜드를 만든 매튜 로버츠와 더글러스 훈이다. 그들은 누구나 집에서 복잡한 준비 과정이나 도구 없이 고품질의 커피를 즐기도록 하겠다는 목표로 급속 냉동 기술을 활용한 제품을 개발했다. 급속 냉동하기 때문에 커피의 신선함과 맛이 제조 당시와 똑같이 유지될 수 있고, 상온에 꺼내 놓은 캡슐에 뜨거운 물만 부으면 되기 때문에 쉽게 마실 수 있다는 점에서 커피를 즐기는 소비자들과의 라포를 만들기에 충분했다.

커미티어는 현재 1억 달러 이상의 투자를 유치하면서 2022년에는 〈타임〉으로부터 최고의 발명품 중 하나로 선정되었고, 2023년 〈USA Today〉에 의해 미국 최고의 커피 구독 서비스로 선정되기도 했다.

라포를 형성한다는 것은 기존의 마케팅에서 브랜드와 소비자를 연결하는 방법과는 사뭇 다르다. 마케팅에서는 제품이나 서비스를 어떻게 포지셔닝해야 더 많은 소비자와 연결될지 고민하고, 그것을 가장 효율적으로 전달할 수 있는 광고 등의 커뮤니케이션 전략을 수립한다. 똑같은 제품이나 서비스도 어떻게 포지셔닝하는가에 따라 판매 결과가 달라지고, 시장에서 고전하던 브랜드가 멋진 카피 한 줄로 되살아나기도 한다. 하지만 이는 브랜드에서 소비자로의 일방통행이다. 그렇게 만들어진 브랜드와 소비자의 관계는 오래 지속되기 힘들다. 소비자를 설득해서 생각을 바꿀 수는 있지만 상호 신뢰를 바탕으로 한 진정한 공감대를 형성하는 것은 쉽지 않기 때문이다.

반면 라포는 제품이나 서비스 그 자체가 중심이 되어 만들어진다. 만든 이의 의도와 쓰는 이의 생각이 맞아떨어지면 형성되는 것이 라포다. 굳이 누구에게 맞추려고 애쓰거나 조사를 통해 알아내는 것이 아니라, 자신이 좋다고 생각하거나 옳다고 믿는 것을 만들면 된다. 생각이 같은 소비자와 연결되면 그 관계는 보다 강력해지고 오래 지속될 가능성이 있다. 라포의 핵심은 브랜드의 진정성이다. 말로 포장해서 브랜드를 만드는 것이 아니라, 제품이나 서비스가 실제로 '그래야' 하는 것이다.

▽

마음이 서로 통할 때 사람들은 사랑에 빠진다.
브랜드와 소비자의 관계도 똑같다.
브랜드의 본질을 소비자가 사랑하게 하라.

비상업적인 것의 힘을 믿어라

당장의 이익을 위해 넘버들지 않는 태도

4

#KCC 스위첸 #도브 헤어 #NH투자증권

'상업적'이란 말은 상행위, 즉 물건을 사고파는 행위를 통해 이익을 추구하는 것을 뜻한다. 비즈니스를 하면서 상업적이 되는 것은 너무나 당연하다. 하지만 문제는 소비자가 받아들일 수 있는 상업성의 수위가 점점 낮아지고 있다는 것이다. 이는 공급자 중심의 시장에서 수요자 중심의 시장으로 바뀌면서 나타나는 자연적인 현상이다. 게다가 경험과 학습을 통해 소비 지능이 진화함에 따라 브랜드의 '상업적' 전략과 전술은 차츰 효력을 잃어가고 있다.

이런 명백한 현상을 브랜드의 마케팅 담당자들이 모를 리 없다. 그럼에도 불구하고 상업적 시도는 계속되고 있다. 시청자에게 뻔히 보이는 PPL은 과하다 싶을 정도로 늘어나고 있다. 드라마의 줄거리가 PPL 브랜드에 따라 달라진다. 익숙해진 시청자들은 그저 헛웃음을 지을 뿐이지만, 수억 원의 돈을 지불한 브랜드 입장에선 무엇을 얻는 것일까? 새로운 브랜드는 이름을 알리고, 잊혀 가는 브랜드는 존재감을 확인하는 정도이지 않을까 싶다.

브랜드가 제공하는 콘텐츠의 경우도 마찬가지이다. 광고뿐만 아니라 각종 온라인 채널을 통해서 브랜드가 소비자에게 제공하는 형태의 모든 콘텐츠가 여기에 해당된다. 예전에는 광고가 새로운 생각을 사람들의 머릿속에 집어넣는 것도 가능했다. '볼보가 가장 안전한 자동차'라고 주장하면 그것이 받아들여질 확률이 높았다. 지금은 어떤가? 어떤 콘텐츠를 어떻게 받아들일 것인가를 결정하는 주도권은 소비자에게 넘어가 있다. 볼 것이 티브이밖에 없었고 그 사이에 들어간 광고를 피하는 방법이 리모컨밖에 없던 시절(지핑재핑이란 용어가 존재하던 시절)과는 딴판이다. 그러다 보니 브랜드를 알리기 위해 제작되는 콘텐츠들은 온갖 방법을 써가며 소비자의 눈길을 끌기 위해 애쓴다. 재치 있는 말장난이나 황당한 발상의 내용으로 주목을 끄는 데까지는 성공한 콘텐츠들이 제법 있긴 하다. 하지만 이 역시 PPL의 경우와 크게 다르지 않다. 한 번 웃고 지나갈 뿐이다.

2019년 유튜브에서 7천만 회가 넘는 조회 수를 기록하고 그다음 해 아카데미 시상식에서 최고 단편 애니메이션 상을 받은 'Hair Love'라는 제목의 6분짜리 애니메이션이 있다. 내용은 간단하다. 암 치료를 위해 입원해 있는 엄마를 문병하러 가기 위해 준비하는 딸과 아빠의 이야기이다. 일곱 살 딸의 심한 곱슬

머리를 손질하기 위해 어쩔 줄 몰라 하던 아빠는 예전에 엄마와 딸이 만들어놓은 머리 손질에 대한 영상을 보며 겨우 머리 손질을 마치고 병원을 찾아 엄마를 만난다는 내용이다. 엄청난 감동은 아니지만 마음이 따뜻해지는 이야기이다. 이 영상의 끝에 올라가는 엔딩 크레디트를 끝까지 보지 않으면 누가 이 애니메이션을 만들었는지 알 수 없다. 엔딩 크레디트의 마지막에 'special thanks to Dove Hair'라고 나오는 것이 전부이다. 도브의 헤어 관련 제품을 홍보하기 위해 만든 필름이다. 상업적인 관점에서 보면 이해가 잘 되지 않는다. 애니메이션 안에 어떤 형태로든 도브의 헤어 제품은 등장하지 않는다. 그런데 결과는 어떤가? 사람들은 결국 이 필름을 제작한 주체가 도브라는 것을 알 수밖에 없다. 도브의 헤어 제품에 자발적으로 관심을 가질 확률이 높다.

2024년 5월, NH투자증권을 위해 'N2, Night'라는 팝업 스토어를 운영했다. 2019년 '투자, 문화가 되다'라는 브랜드 슬로건을 만들고 브랜딩을 위한 몇 가지 프로젝트를 시도하다가 여러 가지 사정으로 중단되었던 것을 새롭게 시작하는 첫 프로젝트였다. '투자, 문화가 되다'라는 다소 어려운 명제를 어떻게 전달할 것인가에 대해 고민하면서, '자기 성장'이라는 테마에 집중해 브랜딩 작업을 재개하기로 했다. 투자를 문화로 만드는 핵심은 투자의 최종 목표가 수익률이 아닌 더 나은 삶이라는 인식을 타깃과 공유하는 것이라 판단했다. 그리고 더 나은 삶을 위해 자기 성장에 투자하는 사람들에게 중요한 것은 퇴근 이후의 저녁 시간이라는 사실에 초점을 맞췄다. 'N2, Night'라는 프로젝트명이 탄생한 배경이다. N2는 부르기 어려운 NH투자증권을 줄여 부르는 캠페인 네임이다. (N2에는 다소 복잡한 기획 의도가 있지만, 이 글의 주제와는 별개의 것이어서 설명을 생략한다.)

　N2, Night는 팝업 스토어의 성지라 불리는 서울 성수동에 만들어졌다. 수많은 브랜드의 팝업 스토어 속에서 소비재도 아닌 금융 브랜드가 팝업 스토어로 경쟁할 수 있을까 하는 걱정이 되기도 했지만 자기 성장을 추구하는 잠재 고객들을 만날 수 있는 최적지였기 때문에 오랜 고민 끝에 결정했다. NH투자증권이라는 브랜드명의 사용은 최대한 자제했다. N2도 최소한으로 꼭 필요한 곳에만 적용했다. 건물 입구에 잔디를 깔고 나무를 심는 등 콘크리트 건물들 사이에 공원을 만들어 누구나 들어와 쉴 수 있도록 했다. 일상과 자기 성장의 사이에 잠시 숨 돌릴 수 있는 틈을 만들어준 것이다. 내부에서 진행되는 프로그램은 자기 성장을 위한 성향 진단, 성향에 맞춰 제공되는 차

와 디저트, 그리고 하루에 두 번 진행되는 명상 세션이었다. 명상의 끝에는 건강한 재료로 만든 간단한 식사도 제공되었다. 이 외에도 매주 금·토·일요일에는 자기 성장에 관심을 가진 사람들이 듣고 싶어 하는 다양한 주제의 강연도 진행되었다. 이 모든 프로그램 사이나 팝업 스토어 어디에서도 금융 상품을 소개하거나 가입을 권유하는 행위는 찾아볼 수 없었다.

반응은 상상을 뛰어넘을 만큼 폭발적이었다. 43일 동안 4만 5천 명 이상이 방문했으며, 하루에 2,500명 이상이 찾은 날도 있었다. 이들의 평균 체류 시간은 66분으로 단순한 방문이 아니라 브랜드 팝업이 의도한 것을 경험하고 돌아간 것으로 보인다. 그 결과, 블로그나 인스타그램에 2,400건 이상의 피드가 업로드되었고, 참여자를 대상으로 한 설문 조사 결과 전체 만족도는 4.71(5.0 만점), 브랜드 이미지 선호도는 4.58(5.0 만점)로 집계되었다. 프로그램 중간에 금융 상품이나 회사에 대한 홍보가 없어 인상적이었다는 블로그의 리뷰가 많은 것을 설명해 준다.

어차피 브랜드는 성장하고 생존해야 한다. 그것을 위해 부단히 노력해야 한다. 문제는 '어떻게'이다. 많은 브랜드가 이 '어떻게'를 상업적인 관점, 즉 광고비 투입 대비 매출 상승을 기준으로 판단한다. 그러다 보니 디지털 광고에 예산을 쓴 만큼 조회 수가 나와야 하고, 새로운 광고 캠페인 이후 매출이 오르지 않으면 다른 광고 회사를 찾는다. 근본적인 질문을 해보자. 정말 소비자들은 어느 브랜드의 인스타그램이나 광고가 눈길을 끈다고 그 브랜드를 좋아하게 될까? 그리고 그 브랜드를 구매 고려 대상에 넣을까? 그럴 수도 있다. 하지만 그렇지 않을 가능성이 점차 커지는 것도 사실이다.

이제는 '비상업적인 행위'의 힘에 대해 생각해 봐야 한다. 제품이나 서비스를 팔면서 비상업적이라니? 오래전 노트북을 사기 위해 용산전자상가(이곳이 호황을 누리던 시절)를 방문한 적이 있다. 여지없이 수많은 매장의 점원들이 고객을 불러 세웠다. 노트북을 둘러보며 걷다가 호객 행위 없이 조용한 매장이 있어 들어갔다. 컴퓨터에 대해 꽤 전문성이 있어 보이는 주인은 "어떤 노트북을 찾느냐?", "필요한 사양이 무엇이냐?"를 묻더니, 대뜸 다른 곳을 다 둘러보고 마음에 드는 것이 없으면 다시 오라 했다. 비싼 물건을 덜컥 사버리면 안 된다는 조언도 해주었다. '다른 곳'을 둘러본 후 결국 그 매장에서 노트북을 샀다. 그 이후로 다른 제품을 사기 위해 그 매장을 몇 번 더 방문했다. 나는 이런 태도가 '상업적인 것의 비상업적 태도'라고 생각한다. 당장 눈앞의 매출이나 이익을 위해 덤벼들지 않는 여유, 그리고 내가 좋은 제품이나 서비스를 제공하면 소비자는 결국 나를 찾을 것이라는 자신감을 가진 브랜드가 성공할 확률이 높다.

▽

본질이라는 씨앗이 훌륭하다면 조급하게 굴지 말고 꽃이 필 때까지 기다리자.
비상업적인 태도가 효력을 발휘하는 시대이다.

우주에 흔적을 남기자

매출이 크기가 아니라 존재감의 크기

5

실리콘 밸리의 유니폼이라 불리는 브랜드가 있다. 구글 창업자인 래리 페이지를 비롯한 실리콘 밸리 사람들의 사랑을 받는 운동화, 올버즈Allbirds 이야기이다. 2014년에 창립해서 2016년에 첫 제품을 선보였는데, 불과 몇 년 만에 세상 사람들 입에 오르내리는 브랜드가 됐다. 뉴질랜드산 초극세 메리노 울이나 유칼립투스 나무 등의 친환경 재료로 만든 운동화이다. 최초의 제품이었던 '울 러너Wool Runner'를 포함해 10개 남짓한 모델로 출시 2년 만에 100만 켤레를 팔았다. 규모 면에서 나이키나 아디다스 같은 큰 브랜드와 비교할 수는 없지만, 대단한 관심을 받으며 성장했다. 창립자와 아무 관계없는 영화배우 리어나르도 디캐프리오가 이 기업에 투자했고, 버락 오바마 전 대통령이나 방송인 오프라 윈프리도 올버즈의 애호가였다. 2018년 10월에는 기업 가치 14억 달러의 평가를 받으며 유니콘 기업의 반열에 올랐고, 2021년 기업 공개를 했을 당시 주가는 28.64달러까지 올랐다. 단기간에 대단한 성과를 거뒀다고 할 수 있다.

관련 기사를 찾아보면 이 생소한 브랜드의 '성공' 요인을 여러 가지로 들고 있는데, 나는 그 이유들을 하나의 줄기로 묶을 수 있다고 본다. 지금까지의 브랜드 성장 방식과는 전혀 다른 길, 어찌 보면 정반대의 길을 걸었기 때문이다. 브랜드 마케팅의 교과서라 할 수 있는 나이키와 비교해 보면 그 차이를 쉽게 알 수 있다. 나이키의 창립자 필 나이츠는 실체가 크게 다르지 않은 러닝화에 이름과 로고 그리고 슬로건으로 새로운 정신을 입혔다. 올버즈의 창립자 팀 브라운과 조이 즈윌링거는 전혀 다른 생각과 재료로 신발에 새로운 본질을 부여했다. '세상에서 가장 편한 친환경 신발'을 만들었다.

　창립자 중 팀 브라운은 뉴질랜드 국가대표 부주장까지 지낸 축구 선수 출신이다. 선수 생활 내내 신었던, 로고가 크게 붙은 인조 재료 축구화에 질린 그는 '세상에서 가장 편한 신발'을 만들겠다고 결심했다. 그는 고향인 뉴질랜드의 천연 양모를 재료로 러닝화를 만들었다. 올버즈라는 브랜드 이름도 포유류 육지 동물이 없는 뉴질랜드의 별칭, '새들의 땅'에서 착안한 것이다. 이 올버즈의 로고는 신발 뒤꿈치에 작게 붙어 있어 자세히 보지 않으면 찾기 힘들다.

　신발이라는 제품에 새로운 본질을 부여하는 과정 또한 기존의 마케팅 접근법과는 다르다. 보통 마케팅에서는 신제품을 내

놓기 위해서 철저한 시장 조사의 과정을 거친다. 조사를 통해서 현재 시장이 원하는 제품이나 서비스가 어떤 것인지, 얼마나 팔릴 것인지 예측하는 일은 가능하지만 앞으로 다가올 세상이 무엇을 필요로 하고 원하는지 아는 것은 쉽지 않다. 그렇기 때문에 조사만으로 시대를 앞서가는 개념의 브랜드를 만들 수는 없다.

올버즈라는 브랜드는 분명 사전 조사의 결과물이 아닐 것이라고 나는 확신한다. 천연 재료로 만든 가벼운 신발이라는 획기적인 본질의 뒷면에는 비 오는 날 신으면 낭패를 본다든지, 신은 지 얼마 지나지 않아 부드러운 천연 양모 위로 발가락 모양이 그대로 드러나게 된다든지 하는 문제가 존재한다. 소비자 조사를 통과하기 힘든 문제점들이다. 창업자가 옳다고 생각한 일을 과감하게 실행에 옮긴 것이다.

친환경 재료로 만든 가벼운 운동화이지만, 기존의 운동화 대비 몇 가지 불편한 점을 감수해야 하는 이 신발의 가격은 15만 원을 훌쩍 뛰어넘는다. 그런데도 이런 운동화를 받아들일 수 있는, 생각이 앞선 사람들이 실리콘 밸리를 비롯해 세계 도처에 꽤 있었던 것이다. 과연 소비자 조사를 했다면 이 제품의 시장성은 이만큼 긍정적으로 나왔을까? 사회적으로 영향력이 있는 인사들이 이 브랜드의 애호가나 후원자가 될 것이라는 것을 미리 알 수 있었을까? 세상이 필요로 하는 일을 했는데, 마침 세상이 그것을 원했던 것이다. 가능한 한 큰 규모의 시장을 목표로 브랜드를 포지셔닝하고 마케팅을 하는 기존의 접근법과는 전혀 다르다.

창업자의 인터뷰에 나오는 이야기처럼, 이들은 새로운 패러다임으로 '우주에 흔적을 남기는 사업'을 하고 싶어 했다. 이들에게 중요한 것은 매출의 크기가 아니라 존재감의 크기였던 것이다. 하지만 이렇게 출발했던 올버즈의 주가는 상장 이후 지속적으로 하락해, 2023년 8월 14일 기준 1.28달러로 추락하기에 이르렀다. 우주에 흔적을 남기기 시작했던 이 브랜드에게 무슨 일이 생긴 것일까?

시장 확장을 하는 과정에서 '우주에 흔적을 남기겠다'는 초심을 잃었기 때문이었다. 일차적으로 시장 진입에 성공한 작은 브랜드들이 흔히 범하는 실수를 이들도 피해 가지 못했다. 물건을 더 팔기 위해 타깃을 넓히기 시작했다. 매력적으로 보이는 20대 고객으로의 확장을 시도했으나 그것이 과욕이었다는 것을 깨닫는 데 오랜 시간이 걸리지 않았다. 동시에 제품 라인업을 넓혀 매출 확대를 꾀했으나 이 역시 뜻대로 되지 않았다. 기존의 라인업 이외에 고가의 신발 라인과 의류를 더했지만 이는 추락의 불씨가 되고 말았다. 신발에 사용했던 소재를 의류에 그대로 적용함으로써 땀에 젖어 무거워진 셔츠와 흐물흐물해진 레깅스에 대한 고객 불만이 터져 나왔고, 마침내 의류 재고를 1,300만 달러의 비용을 들여 처분할 수밖에 없었다. 이보다 더 큰 문제는 기존 제품의 내구성에 대한 불만이 전혀 해결되지 않고 있었다는 것이다. 천연 양모로 만든 신발은 가볍긴 했지만 쉽게 구멍이 나거나 해졌다. 브랜드의 정신에 동의했던 고객들마저 잃고 있었다.

이에 올버즈는 8년간 유지해 왔던 공동 대표 체제를 포기하고 즈윌링거가 단독 CEO가 되어 구조 조정을 단행하는 동시에 기존 라인업의 품질 개선에 집중하며 실패를 만회하기 위한 노력을 하고 있다고 한다.

사업을 운영하는 사람의 입장에서 성장 욕구는 숙명 같은 것이다. 달리기 시작한 자전거를 멈추는 일은 불가능하다. 페달을 계속 밟아야 넘어지지 않는다. 문제는 방향성이다. 브랜드가 처음 출발했을 때 목표로 했던 방향을 잃지 말아야 한다. 성장이 무분별한 확장을 의미하는 것이 아니라는 사실을 명심해야 한다. 우주에 흔적을 남기고 싶다면 한곳을 깊게 파야 한다. 넓히는 순간 흔적은 '흔적도 없이' 사라진다.

▽

우주에 흔적을 남기고 싶다면 그 출발부터 달라야 한다.

소비자가 원하는 일을 할 것인가,

내가 옳다고 생각하는 일을 할 것인가?

그리고 그 마음을 잃지 말아야 한다.

라이프스타일과 결합하라

새로운 욕구는 새로운 기회

새로운 욕구는 새로운 기회

#볼보 #런데이 #스탠리

내가 브랜드에 눈을 뜨기 시작한 것은 '포지셔닝'이라는 개념을 접했던 1990년대 중반경이다. 당시 『마케팅 불변의 법칙』이라는 책으로 전 세계 마케팅계를 들썩이게 만들었던 알 리스와 잭 트라우트, 두 사람이 주장한 포지셔닝 이론은 브랜드란 것은 결국 소비자의 인식이고, 브랜드가 성공하기 위해서는 소비자 인식 속 어느 한 곳에 자신만의 자리를 만들어야 한다는 것이었다. 그렇기 때문에 브랜드는 자신의 자리를 표현할 수 있는 하나의 단어를 선점하는 것이 중요하다고 했다.

그 대표적 사례 중 하나가 '안전'을 자신의 포지션으로 잡았던 볼보였다. 마케팅에 관심이 없는 사람들에게도 익숙한 이야기일 것이다. 이러한 포지셔닝으로 볼보는 1990년대까지 강력한 브랜드 중 하나로 성장할 수 있었다. 하지만 21세기로 넘어오면서 상황은 달라졌다. 더 이상 '볼보=안전'이라는 등식이 유효하게 작동하지 않게 되었다. 여기에는 여러 가지 이유가 있었지만, 가장 큰 것은 브랜드가 주장하는 한마디를 일방적으로 소비자에게 전달하는 방식이 힘을 잃었기 때문이었다. 그간의 축적된 경험과 인터넷의 영향으로 똑똑해진 소비자들은 브랜드의 일방적인 주장을 무비판적으로 수용하지 않게 되었다. 볼보는 갈 길을 잃은 듯 보였다.

이런 상황 속에서 재미있는 현상 하나가 발견되었다. 2017년 방영되기 시작한 〈효리네 민박〉이라는 티브이 프로그램에 PPL로 볼보가 등장했다. 개인적으로 최고의 PPL이었다고 생각한다. 이 프로그램을 시청한 많은 사람들이 화면 속에 나왔던 볼보가 제주에서 안빈낙도하고 있는 이효리 부부가 실제로 타는 차라고 생각했다. (잘된 PPL은 이래야 한다.) 그동안 볼보가 주장했던 안전이라는 키워드를 중심으로, 볼보의 본고장인 스웨덴(지금은 중국 회사이다.)의 자연 친화적 이미지, 볼보 특유의 디자인 등이 효리네 부부의 제주살이와 결합되면서 새로운 의미를 가진 브랜드로 변화하기 시작했다. (2017년 10위권이던 수입차 중 볼보의 판매 순위는 2024년 상반기 기준 4위이다.)

볼보의 변화는 브랜드와 라이프스타일의 결합이 어떤 결과를 만들어내는지 잘 보여주는 사례이다. 브랜드가 라이프스타일과 결합한다는 것은 브랜드가 가진 속성과 사용자가 지향하는 삶이 잘 맞아떨어져 브랜드의 새로운 가치가 형성되는 것을 의미한다. 라이프스타일은 말 그대로 삶의 방식인데, 인류의 역사 속에서 삶의 방식이 없었던 적은 없을 것이다. 하지만 최근 소비 시장에서 일어나고 있는 라이프스타일의 진화는 브랜드에게 의미하는 바가 사뭇 다르다. 라이프스타일은 마케팅에서 시장을 세분화하는 여러 기준 중 하나였지만, 이제는 무엇보다 중요한 기준이 되고 있다. 사람들의 사는 방식이 점점 세분화하는 동시에 그 중요성이 커지고 있기 때문이다. 이러한 변화는 작은 브랜드에게 좋은 기회로 작용하고 있다. 왜 그런 것일까?

첫 번째, 기존의 제품군에 라이프스타일이 더해지면 새로운 카테고리가 만들어지는데, 큰 브랜드의 기득권이 비교적 적은 새 카테고리에서 작은 브랜드는 훨씬 공평한 경쟁을 할 수 있다. 러닝 관련 제품 분야는 전통적으로 나이키나 아디다스와 같은 큰 브랜드의 영역이다. 그런데 러닝과 라이프스타일이 결합되어 탄생한 새로운 카테고리인 러닝 애플리케이션의 경우는 상황이 좀 다르다. 얼핏 생각하면 이 분야 역시 나이키나 아디다스처럼 이미 러너들에게 익숙한 브랜드에게 경쟁 우위가 있을 듯하다. 하지만 최근 국내에서는 '런데이RunDay'라는 러닝 앱이 초보 러너들의 사랑을 받으며 나이키의 '나이키 런클럽'과 대등하게 경쟁하고 있다. 이 앱이 러닝 초보들 사이에서 인기를 끌고 있는 이유는 러닝을 처음 시작하는 사람들의 인사이트를 제대로 짚은 두 가지 기능 때문이다. 하나는 1분만 달려도 숨이 차는 초보들을 8주 만에 30분 달리기가 가능한 러너로 만들어주는 체계적인 훈련 프로그램이고, 다른 하나는 외로운 러닝을 함께 응원하고 전문적으로 도와주는 보이스 코치의 존재이다. 이 두 가지 특징이 중장거리 러닝에 대한 두려움 때문에 시작을 망설였던 사람들을 '런데이'로 불러 모으고 있다. 라이프스타일의 진화는 새로운 욕구나 인사이트를 만들어낸다. 이는 작은 브랜드가 큰 브랜드를 이길 수 있는 좋은 기회를 만들어준다.

두 번째 이유는 영역의 집중화이다. 라이프스타일의 다양화는 기존의 영역을 잘게 쪼개서 보다 전문화된 영역을 만든다. 텀블러 브랜드로 성장한 스탠리Stanley가 그 사례 중 하나이다. 요즘 젊은 여성 사이에서 인기를 얻고 있는 스탠리는 1913년 설립되어 군에 보온병을 납품해 왔다. 스탠리의 제품은 보온 성능은 뛰어났지만 무게 때문에 휴대성이 떨어져 일반 소비자들에게는 적합하지 않았다. 이런 제품이 어떻게 젊은 여성들의 인기템이 되었을까? 스탠리는 생활 속에서 친환경을 실천하는 여성층을 대상으로 비교적 가벼운 대용량 퀜처Quencher

시리즈를 개발했는데, 처음에는 판매량이 높지 않아 2019년 단종을 준비하고 있었다. 그러던 중 하나의 사건이 SNS에 공유되면서 반전의 기회를 맞는다. 미국의 대니엘이라는 여성이 차가 전소되는 사고 와중에도 스탠리 텀블러 안에 담긴 음료의 얼음이 그대로 유지된 장면을 틱톡에 올렸고, 그 장면은 9억 이상의 뷰와 830만 개 이상의 '좋아요'를 기록했다. 이 사건 이후 제품 본연의 기능에 집중하는 스탠리의 제품력에 대한 신뢰도가 급상승하면서 브랜드 검색량은 900% 증가했다. 그러자 스탠리는 MZ 세대에게 크록스를 유행시켰던 크록스의 수석 부사장을 영입, 무채색 위주의 색상에서 파스텔컬러로 라인을 확장했고, 이를 기점으로 스탠리 텀블러는 MZ 세대의 필수품으로 등극하게 되었다. 환경을 생각하는 젊은 여성층의 라이프스타일과 뛰어난 보온력이라는 제품의 속성이 결합해 텀블러라는 전문 영역에서 스탠리를 강력한 브랜드로 자리 잡게 만들었다.

큰 브랜드와 같은 방법으로 작은 브랜드가 큰 브랜드를 이길 수 있는 묘책은 없다. 다른 결과를 원한다면 다른 방법을 써야 한다. 기존의 제품이나 서비스에 라이프스타일을 결합시켜보자. 새로운 경쟁력을 발견할 수 있을 것이다.

▽

다양화하고 있는 라이프스타일은

작은 브랜드에게 기회이다.

제품이나 서비스에 라이프스타일을 결합하면

새로운 시장이 보일 것이다.

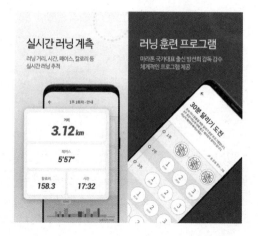

#런데이

길이 없는 곳에 길을 만들라

박향을 들어 선구자가 되는 길

7

요식업의 정글에서 살아남는 것은 쉬운 일이 아니다. 더구나 미쉐린 스타를 놓고 경쟁하는 상위 0.1%의 세계는 말할 나위도 없다. 2022년 미쉐린 3스타에 선정된 레스토랑은 전 세계적으로 137곳밖에 되지 않고, 2023년 미쉐린 스타를 받은 우리나라의 식당도 모두 합쳐 35곳에 지나지 않는다.

이처럼 치열한 경쟁의 정글에서 혜성처럼 등장했던 레스토랑이 노마NOMA이다. 세계 최고의 레스토랑 50곳만을 선정하는 'World Best Restaurant 50'에서 2010년 최고의 레스토랑으로 선정되었다. (2021년에도 다섯 번째로 1위에 올랐다.) 요식업의 불모지라 할 수 있는 덴마크에서 탄생한 레스토랑이기에 '혜성처럼 등장했다.'라는 표현이 잘 어울린다.

식문화는 지역의 식재료와 밀접한 관계를 가지며 발전한다. 그러다 보니 미쉐린 가이드로부터 인정을 받는 레스토랑들은 주로 좋은 식재료가 풍부한, 그래서 식문화가 일찍부터 발달한 지역에서 많이 나온다. 그런데 노마가 위치한 덴마크는 상황이 좀 다르다. 말린 생선류 외에는 좋은 식재료를 구하기 어려운 곳이다. 그런 환경에서 노마는 그곳 특유의 음식 문화를 만들겠다는 철학을 가지고 2003년 코펜하겐의 한 창고 건물에 문을 열었다. 노마라는 이름 자체가 북유럽 지역을 의미하는 Nordisk와 그곳 말로 음식을 뜻하는 Mad를 결합해서 지은 것이다.

이 레스토랑을 만든 셰프 르네 레드제피Rene Redzepi는 요리 책에 나오는 전통적인 요리법에 도전했다. 그 지역에서 나지 않는 레몬 대신 개미를 사용해 신맛을 냈다. 이 외에도 말린 이끼, 야생 오리알, 젖은 지푸라기와 같이 상상을 뛰어넘는 재료들을 사용해서 자신만의 요리를 만들었다. 한 끼에 400유로나 하는 (와인을 더하면 가격은 더 올라간다.) 테이스팅 코스를 맛보기 위해서는 최소 3개월 전에 예약을 해야 한다. 노마는 길이 있기 힘든 곳에 자신만의 길을 만들었다. 스스로가 새로운 길이 되어 최고가 되었다. 큰 브랜드에 비해 헤리티지라고 할 만한 것이 별로 없는 작은 브랜드들에게 큰 용기를 주는 사례이다. 내세울 배경이나 네트워크가 없는 작은 브랜드가 성공을 위해 나가야 하는 방향을 제시한다. (노마는 2024년 코펜하겐에서의 영업을 중단하고 일본 도쿄에서 팝업 스토어만을 운영하고 있다.)

대부분의 작은 브랜드는 큰 브랜드의 길을 따라가고 싶어한다. 이미 성공한 브랜드를 벤치마킹함으로써 시행착오를 줄일 수 있다는 생각과, 더 열심히, 더 빠르게 달려가면 앞서가고 있는 큰 브랜드를 언젠가는 따라잡을 수 있다는 희망 때문이다. 두 가지 모두 가능하지 않다. 벤치마킹이라는 것은 쉽게 말하면 '따라 하기'이다. 윤리적으로 문제되지 않는다면 부분적으로 경쟁자의 뛰어난 점이나 배울 점, 특히 다른 업종에서 사용되고 있는 전략이나 방법론을 모방하는 것은 효율적인 전략이 될 수 있다. 하지만 성공한 큰 브랜드의 길을 그대로 따라가는 것은 '뒷북'이 될 가능성이 크다. 특히 시장의 변화 속도가 점점 빨라지는 현실을 감안한다면 더욱 그렇다. 큰 브랜드가 먹고 남긴 자투리 시장을 챙기는 정도에 그칠 공산이 크다.

아무리 열심히 달려도 앞서가는 브랜드를 따라잡는 일 또한 불가능하다. 예를 들어 시속 200km로 달리는 슈퍼카를 이제 막 시동을 건 작은 차가 어떻게 따라잡을 수 있다는 것인지 수학으로는 설명이 되지 않는다. 근면성과 '빨리빨리'가 유효한 덕목이었던 경제 발전 초기에나 가능했던 이야기이다. 앞서갈 수 있는 유일한 방법은 다른 길로 질러가는 것밖에는 없다. 더 좋은 것은 아예 다른 길로 방향을 틀어 스스로 선구자가 되는 것이다.

하지만 문제는 길이 없는 곳에서는 길이 쉽게 보이지 않는다는 것이다. 진부하게 들리겠지만 "뜻이 있는 곳에 길이 있다."고 하지 않던가. 의지가 분명한 사업가에겐 남에게 보이지 않는 길이 보인다. 없던 길을 만들어낸 브랜드 창업자들의 공통점이다.

이렇게 길이 없는 곳에 길을 만들어가고 있는 브랜드 중 하나가 배뉴Baenue이다. 아직은 널리 알려지지 않은 이름이다. 유럽의 루이스 폴센이나 톰 딕슨과 같이 이름난 디자인 조명 브랜드가 아직 없는 우리나라 조명 업계에서 길을 만들어가고 있다. 이 브랜드를 만든 배룩스라는 기업은 MIT 공학 박사 출신의 배진우 대표가 설립한 조명 전문 기업으로 루이스 폴센 등의 유명 조명 기업에 LED 모듈을 공급하고 있다. 해외 조명 기업들로부터 뛰어난 기술력을 인정받으며 안정적으로 성장하고 있던 이 기업의 대표는 자신의 이름으로 직접 세계적인 조명 브랜드를 만들고 싶었다. 그래서 태어난 스탠드 조명 브랜드가 배뉴이다.

나는 이 제품을 처음 본 순간, 브랜드를 만든 사람의 마음을 읽을 수 있었다. 식상한 표현이지만, 말 그대로 조명계의 애플이 되고 싶은 창업자의 의지가 디자인에서 뿜어져 나왔다. 심

플한 디자인과 곳곳에 숨어 있는 디테일이 명품이 되겠다는 메시지를 강력하게 전달하고 있었다. 이 제품의 핵심 기능 중 하나인 Dim2Amber는 시간대와 상황에 따라 다른 종류와 양의 빛이 인간에게 필요하다는 사실을 새삼 깨닫게 해준다. 좋은 조명이 삶에서 얼마나 중요한가에 대해 생각하게 만든다. 엄청난 열정과 기술이 들어간 제품이어서 가격이 만만치 않다. 그 장벽을 지혜롭게 뛰어넘어 명품 브랜드의 길로 들어설 수 있는 전략을 함께 고민하는 중이다.

나는 작은 브랜드와 함께 일할 때 항상 다른 길, 새로운 길을 가라고 제안한다. 큰 브랜드가 가는 길을 따라가야 한다는 생각은 작은 브랜드에게 늘 따라붙는 악마의 유혹 같은 것이다. '길도 없는 곳으로 갔다가 낭떠러지에 떨어지면 어떻게 해?'라고 속삭이며 부추긴다. 큰 브랜드를 따라가면 마음은 편할지 모른다. 하지만 점점 멀어져 가는 앞선 자의 등을 바라보는 일 말고 새롭게 벌어지는 일은 없다. 그렇게 할 용기가 없다는 것은 자신만의 철학이 없다는 방증이다. 자신이 만드는 제품이나 서비스에 대한 투철한 철학이 있다면 의지와 용기가 생길 것이며, 의지와 용기가 있는 자에겐 새로운 길이 보이게 되어 있다.

▽

원래부터 존재하는 길은 없다.

누군가 그곳으로 걸어가 길을 낸 것일 뿐이다.

그 길을 따라갈 것인가, 새로운 길을 처음 걸어가는

'누군가'가 될 것인가?

noma

부록
#

진정성의 힘을 믿어라

고전시대에 원칙을 지킨다

8

시대의 흐름을 읽을 수 있는 사람이라면 "진정성 있는 브랜드가 승리한다."라는 명제에 고개를 끄덕일 것이다. '진정성', 좋은 말이다. 사람이 진정성이 있다고 하면 사리사욕을 위해 거짓말을 하거나 본질에서 벗어난 행동을 하지 않는다는 뜻일 것이다. 브랜드가 진정성을 가진다는 것은 어떤 의미일까?

말뜻 그대로 풀어보자면 참되고 바른 성질이다. 무엇이 참되고 무엇이 바르게 되어야 한다는 것일까? 브랜드가 진정성을 가지기 위해서는 두 가지가 필수적이다. 첫 번째로 본래 추구하고자 하는 바가 참된 것이어야 한다. 그리고 브랜드와 관련된 모든 것이 추구하는 바를 향해 원칙을 깨뜨리지 않고 바르게 나가야 한다. 즉, 사람과 마찬가지로 눈앞의 이익을 위해 올바르지 않은 것을 좇거나 본래의 뜻을 추구함에 있어 원칙을 깨뜨리거나 정당하지 않은 방법을 사용하지 말아야 하는 것이다.

진정성을 갖춘 브랜드가 되기 위해서는 성장의 크기나 속도를 최우선으로 삼아서는 안 된다. 성장 목표나 효율성을 이유로 잘못된 가치를 추구하거나 원칙을 깨뜨리는 일이 있어서도 안 된다. 또한 브랜드가 추구하는 진정성을 유지하기 위해서는 의사 결정 구조가 단순하고 강력해야 한다. 창업자나 최고 의사 결정자의 올바른 철학과 의지가 다른 요소의 영향을 받지 않고 그대로 브랜드에 투영되기 위해서는 브랜드 정책이나 전략에 관련된 의사 결정 경로가 짧아야 하고, 최고 의사 결정자는 강력한 통제력을 갖고 있어야 한다. 두 가지 조건을 생각해 보면 '진정성 있는 브랜드'가 된다는 것은 작은 브랜드에게 훨씬 적합한 개념이다. '브랜드에게 있어 진정성이란 이런 것이다.'를 잘 보여주는 사례가 있다.

서울에서 차를 타고 한 시간 남짓 가면 데이비드 호크니의 작품을 만날 수 있는 곳이 있다. 데이비드 호크니뿐만 아니다. 앤디 워홀, 제임스 터렐, 서도호 등 세계적인 작가들의 작품을 마치 친한 친구의 집을 방문한 듯 편안하게 감상할 수 있다. '구하우스 미술관' 이야기이다. 서울 중심가도 아닌 경기도 양평에 위치한 이 미술관이 입소문을 타고 핫 플레이스가 되었다. 미술 애호가로 알려진 BTS의 RM을 비롯해 유명인들도 이 미술관을 자주 찾는다. 그런데 왜 이 미술관이 '브랜드에게 있어 진정성이란 이런 것이다.'를 보여주는 사례일까?

우선 이 미술관이 어떤 연유로 시작되어 오늘에 이르렀는지 살펴보자. 이 미술관은 단기적으로 기획되어 만들어진 것이 아니다. 그 출발은 약 40여 년 전으로 거슬러 올라간다. 보너스를 두둑하게 받은 한 디자이너는 그 돈으로 박수근 화백의 소품을 구입한다. 특별한 목적이 있어서라기보다 '그냥 좋아서'였다. 그 이후로 이 디자이너는 꾸준하게 미술 작품을 사 모으기 시작했다. 어느덧 늘어난 작품들이 집 안을 가득 채웠고 작품이 가득 찬 집의 개념을 그대로 키워서 오늘의 '구하우스 미술관'이 된 것이다. 40여 년간 내로라하는 CICorporate Identity와 BIBrand Identity를 탄생시킨 디자이너, 구정순 관장(그래서 구하우스이다.)이 그 주인공이다.

가끔 브랜드 스토리를 만들어달라는 난감한 요청을 받을 때가 있다. 브랜드 스토리는 다른 사람이 만들어주는 것이 아니다. 스토리가 될 만한 과정을 거쳐야 좋은 브랜드가 된다. 그것이 진정성 있는 브랜드의 첫 번째 조건이다. 추구하는 바가 참된 것이어야 스토리가 있는 브랜드가 된다. 구하우스 미술관이 아주 좋은 사례이다. '그냥 좋아서' 구입한 미술 소품 한 점이 결국 미술관이 되었고, 이곳을 방문한 사람들에게 그 마음이 그대로 전달되고 있다. 집처럼 현관, 거실, 침실, 욕실, 마당 등의 콘셉트로 구성된 미술관을 편하게 둘러보면서 미술 작품과 가까워진다. 아내 손에 끌려온 남편들도 '아, 미술이 이래서 좋은 것이구나.'를 느끼며 더 열심히 감상한다고 한다. 가족들과 함께 온 청년은 여자 친구를 데리고 다시 들른다고 한다. 미술이 멀리 떨어진 남의 일이 아니라 살면서 느끼고 감동받는 대상이라는 것을 사람들에게 전염시키고 있다. 이것이 미술관이 추구해야 할 참된 목적이 아닐까.

또 하나, 구하우스 미술관이 브랜드에게 던지는 메시지는 '시간을 견뎌내라'이다. 멀리 보자면 박수근 화백의 소품에서 미술관까지 오는 여정은 40년이 넘게 걸렸으며, 실제로 미술관을 만들어야겠다고 생각했던 시점부터 적어도 10년 이상의 시간이 걸렸다. 어디에 하면 좋을지, 어떤 건물을 만들어야 할지 수없이 많은 고민을 했고 그 최종 결과물이 현재의 미술관이 된 것이다. 미술관이 문을 열고서도 입소문을 타기까지는 4~5년의 세월이 더 걸렸다. 미술관을 비즈니스의 대상으로 생각했다면 견뎌내기 어려운 시간이다.

경영학을 공부할 때 처음 배우는 개념 중 하나가 BEPBreak-Even Point이다. 들인 돈과 벌어들인 돈이 같아지는 지점을 뜻하는 말이다. 그걸 넘어서면서부터 돈이 벌리기 시작한다는 점에서 사업성을 검토할 때 중요한 개념이다. 보통은 이 지점을 앞당기는 것이 경영의 기술이라고 생각한다. 매출과 수익을 빠른 시간 안에 높이는 것이 최고 의사 결정자나 마케팅 담당자의 임무인 것은 부정할 수 없는 사실이다. 하지만 크기의 경쟁은 성장의 속도를 높이기 위해 여러 가지 수단을 시도하도록 밀어붙인다. 경쟁자를 밀어내기 위해 터무니없이 가격을 내리거나 경쟁 브랜드의 유통을 방해하기도 한다. 경쟁자를 누르고 나면 가격을 올려 필요 이상의 이익을 가져가기도 한다. BEP는 앞당겨지고 성장 속도는 빨라지겠지만, 브랜드에게 영혼이란 것이 남기나 할까? 모든 브랜드가 구하우스 미술관처럼 할 수는 없다. (구하우스 미술관의 BEP는 영원히 도래하지 않을 듯하다.) 하지만 성장을 위해 영혼을 팔지는 말아야 한다. 브랜드에게 영혼 따위가 무슨 소용이냐 할 수 있다. 하지만 영혼은 브랜드의 수명을 좌우하는 생명줄 같은 것이다. 영혼과 BEP를 맞바꾸는 것은 황금알을 낳는 거위의 배를 가르는 것과 같다.

진정성을 무기로 큰 브랜드와는 다른 길을 갈 것인가, 아니면 속도와 효율을 기준으로 한 기존의 경쟁 패러다임에 머물 것인가는 브랜드를 만들어가는 사람의 판단에 달린 일이며, 토론과 숙고의 가치가 있는 일이기도 하다. 어느 길이 옳았는지는 시간이 흐른 뒤에야 알 수 있다는 것이 안타까울 뿐이다.

▽

진정성이 빛을 보기까지는 시간이 걸린다.

하지만 그 시간이 쌓여 브랜드의 영혼이 된다.

진정한 영혼을 가진 브랜드가 승리한다.

'장기 숙성'이 답이다

정정 영역을 좁혀 구체화한다

6

40여 년 동안 잘 성장한 브랜드가 있다. '배철수'라는 브랜드다. 40년이 넘는 시간을 잘 버텨오면서 세월의 흐름에 따라 멋과 가치가 깊어지고 있는 브랜드이다.

활주로라는 이름의 대학 밴드로 대중 앞에 처음 모습을 선보인 것이 1978년이다. 그 이후로 그는 몇 차례의 진화를 한다. 스쿨 밴드에서 송골매라는 이름의 전문 뮤지션으로의 변화가 배철수 2.0이었다면, 라디오 디제이로 자리 잡으면서 배철수 3.0이 시작되었다. 이 중 배철수 3.0의 시대가 30년 이상을 차지한다. 30여 년의 시간을 거치며 그는 아주 깊은 맛을 가진 브랜드로 숙성되었다. 그것도 하나의 프로그램, 〈배철수의 음악 캠프〉를 통해서.

'배철수 3.0'은 어떤 의미를 가지는 것일까? 그 핵심은 경쟁 영역의 구체화와 장기 발효를 통한 진화이다. 경쟁 영역의 구체화란 어떤 의미인가? '배철수'라는 브랜드는 연예인이라는 큰 카테고리에 포함되어 있다. 수많은 연예인이 이 범주 안에

96

서 다양한 활동을 한다. 그런 연예인 카테고리 내에서 그는 음악이라는 분야에 집중했고, 그중에서도 디제이, 그중에서도 팝음악 디제이, 또 그중에서도 한 프로그램의 디제이로 자신의 영역을 구체화했다. 그런 과정을 통해 배철수는 한국 팝 음악계를 대표하는 브랜드가 되었다.

브랜드에게 있어 장기 발효란 무슨 뜻일까? '배철수 3.0'은 한 프로그램을 30년 이상 진행하고 있다. 한곳에 뿌리를 내리고 그 자리를 지킨 것이다. 물론 이것은 브랜드가 원한다고 해서 가능한 일은 아니다. 수많은 고비를 ('배철수 3.0'에게는 일년에 한두 번 있는 프로그램 개편) 넘기지 않으면 안 된다. 그런 고비를 잘 넘기며 그 맛이 깊어져 갔다. 이런 점에서 이 브랜드의 성장은 장기 발효와 맥락을 같이한다. 발효의 대표적인 사례인 김치나 와인과 같은 과정을 거친 것이다. 아무 일도 없는 듯 늘 그 자리에 있지만 안에서 효모는 유기 화합물을 분해하여 김치와 와인의 맛을 만들어낸다.

한 사람의 팬으로서 30여 년 동안 〈배철수의 음악캠프〉라는 프로그램을 통해 배철수의 변화를 지켜보았다. 겉으로 풍기는 이미지의 변화는 거의 없지만, 그의 말과 생각은 깊어졌고, 초등학생부터 중장년까지 그를 좋아하는 사람들의 폭은 넓어졌다. 늘 똑같은 패턴으로 변화 없이 사는 듯 보이지만, 환경의 급격한 변화에 변질되지 않도록 세심한 자기 관리를 하고 있는 것으로 알고 있다. 그리고 오랜 시간의 발효를 통해 팝 음악계에서의 외연과 영향력을 넓혔다. 특별히 다른 형태의 맛을 첨가하거나 기술을 더하지 않고 자신의 실력과 에너지를 잘 분해해서 주변의 환경과 결합시켜 왔다.

직접 인터뷰해 보지 않았지만, 이런 진화의 비결에 대해 묻는다면 그는 이렇게 대답할 것 같다. '할 줄 아는 게 그것밖에 없었고, 다른 것에 관심을 가질 만큼 부지런하지 않았을 뿐'이라고.

배철수의 진화 방식은 작은 브랜드에게 의미 있는 길을 제시한다. 경쟁 영역을 구체적으로 좁혀 한자리에서 오랜 기간 장기 발효하는 브랜드가 이제 우리에게도 필요하다. 우리에게도 오랜 기간 자리를 지킨 브랜드는 꽤 있지만, 잘 발효되어 깊은 맛을 내는 브랜드는 많지 않다. 또한 경쟁 영역을 스스로 좁혀 구체화했던 브랜드도 찾아보기 어렵다. 자신의 경쟁 영역을 좁히는 일은 쉬운 결정은 아니다. 뭔가 손해 보는 느낌, 진취적이지 못한 것 같은 의구심이 드는 것이 사실이다.

한 종류의 제품만 만들어 세계적 브랜드로 성장한 경우는 수없이 많다. 파버카스텔Faber-Castell은 260년 넘게 연필만 만들어 세계적인 브랜드가 되었고, 1917년 설립된 가메만넨이라는 브랜드는 100년이 넘는 세월 동안 안경, 그것도 작은 렌즈 사이즈의 비슷한 디자인의 안경을 만들어왔다. 최근 배우 윤여정의 안경으로 알려지면서 주목을 받고 있는 가메만넨의 사례는 장기 발효를 꿈꾸는 작은 브랜드들이 참고할 만하다.

일본의 장수 안경 브랜드인 가메만넨은 이름에서부터 장기 숙성의 의지가 엿보인다. 가메는 거북이라는 뜻, 만넨은 만년이라는 의미의 일본어이다. 만년을 사는 거북이와 같은 브랜드가 되겠다는 생각을 브랜드에 담은 것이다. 이들은 최초로 티타늄을 소재로 안경테를 만들어 오래 써도 도금이 벗겨지거나 휘어지지 않도록 했고, 클래식한 디자인을 고집하며 유행을 타지 않도록 하여 자신들만의 장인 정신을 잘 유지해 나가고 있다. 티타늄을 도금하는 방식의 한계로 인해 프레임의 색상 수는 제한적이고 디자인의 종류도 많지 않다. 이들에게는 '많이'나 '넓게'가 중요해 보이지 않는다. 이름처럼 '오래'가 가장 중요한 가치인 듯하다. 1세기가 넘는 시간 동안 '오래 쓸 수 있는 안경'을 만든다는 브랜드 철학을 잘 숙성시켜 가고 있다.

작은 브랜드일수록 자신이 가진 역량을 냉정하게 돌아봐야 한다. 자신이 잘할 수 있는 일에 집중하는 것이 정답이다. 꽤 괜찮은 핵심 역량으로 시장에서 존재감을 확보했던 브랜드가 성급한 확장을 통해 망가지는 사례는 너무나 많다. 한자리에서 장기 발효하는 것은 엄청난 인내심을 필요로 하는 일이긴 하다. 하지만 기다릴 줄 아는 자에게만 좋은 일이 일어난다는 진리를 잊지 말자.

▽

장기 발효의 가장 큰 장점은 맛이 깊어진다는 것이다. 맛이 깊어진 브랜드는 쉽게 사라지지 않는다.

'나를 위한'에서
'우리를 위한'으로

소비자에게 정신적 만족감을

10

마케팅에서 브랜드의 가치를 나타내는 표현 중에 'What's in it for me?'라는 문장이 있다. 브랜드 안에는 소비자가 자신에게 유의미하다고 느낄 만한 혜택이 존재해야 한다는 이야기이다. 당연한 소리처럼 들리지만 많은 브랜드들이 자신의 'What's in it for me?'가 무엇인지 제대로 파악하거나 구현하지 못해 실패하곤 한다.

나 역시 광고, 마케팅, 브랜드 등과 관련된 일을 해오면서 이 문장을 핵심 원칙으로 삼아왔다. 어떤 브랜드를 정의할 때, '(이 브랜드)는 나에게 (어떤 혜택을) 제공한다.'라는 문장을 완성할 수 없다면 그 브랜드는 문제가 있는 것이며, 그 괄호 안 혜택의 강도가 시장에서의 성공을 좌우한다고 주장했다. 그리고 그런 주장은 대부분 틀리지 않았다.

2001년 대우전자에서 세제를 쓰지 않고도 세탁이 가능한 '마이다스'라는 무세제 세탁기를 선보였을 당시, 경쟁 브랜드의 광고를 맡고 있던 입장에서 '이게 될까?'라고 반응했던 기억이 아직도 생생하다. 내 옷을 더 깨끗하게 세탁을 해준다는 약속으로 경쟁하는 시장에서 세제를 쓰지 않음으로써 환경에 도움이 되겠다는(세제 비용을 아껴준다는) 약속이 'What's in it for me?'로 작용하지 않으리라 생각했다. 나의 우려처럼 마이다스라는 세탁기는 오래가지 못했다. 그땐 그랬다.

소비자 의식의 변화를 보여주는 재미있는 광고 두 편이 있다. 두 편 모두 이케아Ikea의 광고인데, 한 편은 2002년 미국에서, 다른 한 편은 첫 편의 속편 개념으로 2018년 캐나다에서 만들어졌다. 두 편 모두 낡은 탁상용 램프가 광고의 소재이다. 첫 편에서 주인공은 오래된 빨간색 램프를 집 앞에 내다 버리고 새 램프를 들인다. 버려진 램프는 마치 인성이 있는 것처럼 바람에 몸을 떨고 처량하게 비를 맞는다. 그때 카메라 앞으로 등장한 남자 배우가 이렇게 이야기한다. "이 램프에게 미안한 마음이 든다고요? 그럼 당신은 미친 거예요. 램프는 감정이 없어요. 그냥 새것이 더 좋은 거예요." 오래 쓰던 것에 감정이입해서 잘 버리지 못하는 사람들의 행태를 절묘하게 이용한 광고였다. 이 광고는 이듬해 칸 광고제에서 대상을 받았다. 그로부터 16년 후 캐나다에서 만든 속편은 똑같은 램프가 집 앞에 버려진 장면에서 다시 시작한다. 어린 소녀가 작은 손수레에 램프를 싣고 집으로 데려가 새 전구를 끼워 재활용하며 행복해한다. 전편과 동일한 배우가 다시 등장해 이번엔 이렇게 이야기한다. "이 램프를 보니 행복하신가요? 그건 여러분이 미친 게아니에요. 물건들을 훨씬 더 잘 쓰는 거잖아요." (유튜브에서 IKEA Lamp commercial 2002와 2018을 검색하면 바로 볼 수 있다.)

이제 소비자가 달라졌다. 그들의 소비 감성은 놀라울 정도로 진화했다. 환경과 공동체 그리고 지속 가능성 등의 개념을 장착하고 한 단계 업그레이드되었다. 제품이나 서비스로부터 기대하는 가치의 범위가 '나'에서 공동체나 환경까지 포괄하는 '우리'로 넓어졌다. '나'에게 도움이 되더라도 '우리'에게 부정적인 영향을 끼친다면 그 가치를 인정하지 않기도 하고, '나'에게 조금 손해가 되더라도 '우리'에게 도움이 되는 일이라면 그 대가를 흔쾌히 지불하기도 한다. 공정 무역, 친환경, 동물 복지, 사회적 약자 지원 등을 내세우는 제품이나 서비스에 대한 사회적 동의는 물론이고 소비도 늘어나는 추세이다.

외형에 홈이 있어 상품 가치가 떨어지거나 상품으로 팔 수 없어 버려지는 농산물은 연 13억 톤에 달하며, 이로 인한 이산

화탄소 배출량은 한 나라의 배출량과 맞먹는다고 한다. 이런 문제를 해결하기 위해 2021년 탄생한 브랜드가 어글리어스ugly us이다. 충분히 먹을 수 있지만 겉모습이 못생겼다는 이유만으로 폐기될 과일이나 채소를 구독 서비스로 판매하기 시작했다. 외형의 차이가 있을 뿐 품질에는 문제가 없는 제품을 정상 제품보다 30% 저렴한 가격으로 판매한다. 특히 농약을 사용하지 않아 외형에 문제가 있는 농산물의 비율이 높은 친환경 농가를 돕는다는 측면에서도 환경적 순기능을 담당하고 있다. 과연 가격이 다소 저렴하다는 이유로 못난이 과일이나 채소를 구입하는 사람들이 있을까? 있었다. 생각보다 많았다. 출시 2년 만에 누적 매출 100억 원을 돌파하며 2023년에는 19억 원의 프리 시리즈 A 투자를 유치했다.

엄밀히 이야기하면 '우리를 위한'이라는 개념은 '나를 위한'의 확대된 개념이다. '우리를 위한다.'는 것은 '내가 뭔가 의미 있는 일에 동참하고 있다.'라는 정신적 만족감을 주는 것이기에 그 역시도 '나를 위한' 혜택의 일부인 것이다. 그러다 보니 정신적 만족감의 지속 여부가 '우리를 위한'이라는 개념의 관건이라고 할 수 있다. '나를 위한' 직접적인 혜택은 항시적으로 필요한 요소이지만, '우리를 위한'에 해당되는 요소는 불편함이나 부가

적 비용을 수반하는 것이기 때문에 일시적인 유행처럼 중간에
포기할 가능성이 있기 때문이다.

착한 소비의 대명사라 할 만한 탐스TOMS 슈즈의 몰락은 이런 우려가 현실이 될 수 있음을 잘 보여준다. 탐스는 2006년 이후 1억 켤레 이상의 신발을 개도국에 기부했지만, 경영 악화로 2019년 채권단 공동 관리에 들어갔다. 이러한 탐스의 몰락은 '우리를 위한'이라는 명분만으로는 지속 성장이 불가능하다는 것, 지속 성장을 위해서는 제품이나 서비스 자체의 혁신이 반드시 따라줘야 한다는 점을 잘 보여준다.

'우리를 위한'이라는 패러다임으로의 변화 역시 작은 브랜드에게 유리하게 작용할 가능성이 크다. 환경이나 공동체에 대한 배려는 단기적으로 브랜드의 성장에 부담이 될 가능성이 크기 때문에 큰 브랜드가 지향하는 성장의 관점에서는 받아들여지기 어려운 면이 분명히 있다. 또한 브랜드 창업자나 최고 경영자의 철학이 그 중심이 되지 않는 경우에는 진정성 없는 명분 마케팅의 수단으로 인식될 가능성이 크다. 공허한 ESG(환경·사회·지배 구조)의 외침보다는 작은 브랜드의 진정성 있는 행동이 공감을 불러 일으킬 가능성이 높지 않겠는가?

▽

소비자는 '내'가 아닌 '우리'에 더 관심을
가지기 시작했다.
브랜드의 의식 수준도 그렇게 업그레이드되어야 한다.

ugly ☺s

두 마리 토끼를 잡아라

인간이 '멀티 여주'를 실현하다

11

#바이더웨이 베이커리 #알트에이

"두 마리 토끼를 좇지 말라."는 속담은 동시에 취할 수 없는 두 가지를 모두 잡고 싶어 하는 인간 본능에 대한 경고일 것이다. 서로 다른 방향으로 달아나는 토끼 두 마리를 모두 잡으려 우왕좌왕하지 말고, 한 마리 잡는 일에 충실하라는 뜻이다. 선조들의 이러한 지혜가 옳았음은 마케팅의 역사 속에서도 증명되어 왔다. 대중성이 있는 명품을 지향했던 시도인 매스티지는 잠시 유행으로 지나갔고, 두 가지 상품을 결합한 복합 제품들이 시장에서 사라지는 일도 그리 놀라운 것이 아니었다. 서로 다른 성격의 서비스를 제공하는 비즈니스도 소수의 고객만을 위한 니치 브랜드로 명맥을 유지하거나 둘 중 하나에 집중하는 쪽으로 방향을 선회하기도 했다.

이런 상황을 잘 알면서도 '두 마리 토끼'라는 화두를 꺼내는 의미는 무엇일까? 결론적으로 말하자면, 세분화하는 시장 상황 속에서 본질이라는 원래 좇던 토끼를 놓치지 말라는 것이다. 여러 차례 이야기하지만, 시장은 점점 작은 조각으로 나누어지고 있다. 소비자가 원하는 것이 구체화되고 심화되기 때문이다. 이는 작은 브랜드에게 기회의 문을 열어주는 바람직한 현상이다. 전문성을 갖고 자기만의 작은 시장을 만들어갈 수 있게 된 것이다. 하지만 이러한 세분화 현상은 자칫 본질을 약화시키거나 훼손하는 부작용을 낳기도 한다. 환경에 도움을 주기 위해 본래의 기능을 희생하거나, 디자인을 차별화하기 위해 사용의 불편함을 감수하게 만드는 제품 등이 그런 사례라고 할 수 있다. 환경이나 디자인에 대한 강력한 니즈를 갖고 있는 일부의 소비자는 약화된 기능이나 불편한 사용성을 받아들일지 모르지만, 이런 소비자의 이해심은 극히 제한적이며 단기적인 현상일 가능성이 높다.

세분화·전문화하는 시장에서 '그럼에도 불구하고'는 상당히 중요한 화두이다. 환경에 도움이 됨에도 불구하고 세제는 세척력이 좋아야 하며, 차별화되는 디자인을 가졌음에도 불구하고 사용성이나 본질적 기능은 뛰어나야 한다. 세분화된 니즈를 충족시켜 준다 해서 약화된 본질을 눈감아 줄 것이라는 희망은 버리는 것이 좋다. 개인적으로도 여러 차례 이런 문제가 있는 제품을 사용한 경험이 있다. 유기농 재료를 사용해 만든 비건 빵을 선의로 구매했다가 다 먹지 못하고 버린 경우도 있고, 친환경 주방 세제를 구매했지만 기름진 식기를 닦을 때에는 일반 세제를 사용해야 하는 불편을 겪기도 했다.

'그럼에도 불구하고'를 잘 실천하는 좋은 사례가 미국 뉴욕 맨해튼에 위치한 바이더웨이 베이커리By the way Bakery이다. 이름부터 'By the way', 즉 '그렇지만'이다. 이 베이커리를 창립한 헬렌 고딘은 22년간의 변호사 생활을 청산하고 자신이 원했던 제품을 만들기 위해 여러 명의 제빵·제과 전문가를 만나며 실험과 연구에 많은 시간을 투자했다. 그가 원했던 것은 글루텐과 유제품을 사용하지 않으면서도 맛과 타협하지 않는 케이크나 쿠키였고, 결국 이것을 실현해 낸 바이더웨이 베이커리를 2010년 오픈했다. 이곳에서 판매되는 수제 케이크나 머핀, 쿠키 등은 빠른 시간에 인기를 얻었고, 뉴욕과 미국 북동부 지역 글루텐 프리 베이커리 업계에서 높은 점유율을 차지하게 되었다. 현재는 47개의 홀푸드 마켓을 포함해 미국 북동부 지역 100개 소매점에서 판매되고 있다.

이와 비슷한 한국의 사례로는 '알트에이Alt. A'가 있다. 식물성 단백질, 즉 대체육 전문 기업인 '알티스트'가 만든 비건 아시안 음식점이다. 대부분의 비건 식당이 양식이 주메뉴인 반면, 이 식당은 중국 음식을 전문으로 한다. 대체육으로 만든 탕수육이나 난젠완쯔, 깐풍기 같은 요리나 고기가 들어가지 않은 짜장면이나 짬뽕, 볶음밥 등을 판매한다. 비건을 좀 더 친숙하게 다가가도록 하기 위해 격식을 차릴 필요도 없고 한국 소비자들에게 친숙한 중식을 주메뉴로 선택한 것이다. 특이하게도 이 음식점은 자신이 비건 레스토랑임을 외부에 노출하지 않고 있어서 채식을 지향하지 않는 손님들도 종종 찾아오는데, 식사가 끝나고 나서야 자신이 먹은 음식이 비건 재료로 만들어진 것임을 알고 놀라기도 한다고 한다. 개인적으로도 이 식당의 음식을 몇 번 먹어봤는데, 충분히 만족할 만한 맛이다. 이 식당은 미쉐린 가이드 서울 2025에 선정되었는데, 그 선정 이유가 두 마리 토끼를 잡았음을 잘 표현하고 있다. 미쉐린 가이드는 '비건식으로서도, 중식으로서도 훌륭한 식당'이라는 평으로 이 식당을 설명하고 있다.

때로 소비자는 생각보다 냉정하다. 자신이 추구하는 라이프스타일에 부합하는 브랜드에게 마음의 문을 활짝 열기도 하지만, 그 브랜드가 추구해야 할 본질적 기능이나 품질에 문제가 있다면 냉정하게 문을 닫아버린다. 소비자의 이해를 구해서는 안 된다. '그럼에도 불구하고' 본질에 충실한 제품이나 서비스를 개발하기 위한 진정성 있는 노력이 반드시 수반되어야 한다.

▽

시장 세분화는 작은 브랜드에게 분명한 기회이다.

하지만 세분화된 니즈를 충족시키기 위해

'본질'이라는 첫 번째 토끼를 놓쳐서는 안 된다.

해오던 것에 질문을 던져라

새로운 기준이 되리라

#굿모닝증권 #에이스 호텔 #브랜디 멜빌

1999년 어느 날의 일이다. 내가 '굿모닝증권'이라는 이름을 제안하는 파워포인트를 켜자 회의실은 술렁거렸다. 냉소적인 반응과 긍정적인 반응이 섞이며 격론이 벌어졌다. 퇴출 위기에 놓인 쌍용증권을 사모 펀드가 인수하면서 새로운 증권 회사로 다시 태어나는 자리였다. 이전에 브랜드 회사가 제안했던 이름은 '메이저증권'과 '그로웰증권'이었다. 증권 회사다운 작명법이었다. 나는 지금까지 해왔던 방법으로는 새롭게 출발하는 회사를 성공시키기 어렵다고 판단했다. 당시 내가 속해 있던 회사로 돌아가 우리가 새로운 이름을 제안하자는 의견을 냈고 (내가 속해 있던 회사는 그 프로젝트의 광고를 담당했었다.) 치열한 고민 끝에 '굿모닝증권'이라는 파격적인 이름을 제안했다.

반대하는 사람들을 나는 이렇게 설득했다. "아이디어에 반대가 없다는 것은 남과 같은 길을 가고 있다는 뜻입니다. 성공하고 싶다면 남과 다른 길을 가야 합니다. 반대가 많아야 성공하는 겁니다." 결국 '굿모닝증권'이라는 이름은 받아들여졌다.

브랜드 이외의 다른 요인도 작용했겠지만 업계 퇴출 위기에 놓여 있던 증권 회사는 1년 만에 5위권의 증권 회사로 도약했다. 그리고 업계의 새로운 기준이 되었다. (굿모닝증권은 2002년 신한금융지주에 인수되어 현재 신한투자증권의 전신이 되었다.)

내가 '굿모닝증권'이라는 새로운 이름을 제안했던 1999년, 미국 시애틀에서는 '에이스 호텔ACE Hotel'이 문을 열었다. 에이스 호텔은 호텔에 대한 고정 관념에 질문을 던졌다. 20세기까지만 하더라도 여행이나 출장 등을 목적으로 다른 지역을 방문하는 경우, 호텔은 생소한 지역에서의 안전하고 쾌적한 체류를 보장해 주는 장소의 역할을 했다. 그랬기 때문에 하얏트나 힐튼, 메리어트 등 브랜드의 인지도가 숙박 장소를 결정하는 중요한 요소였다. 손님이 호텔을 만나는 첫 번째 공간으로서 호텔 로비 하면 격조 있는 (다소 식상한) 음악과 고급 소파, 빛이 나는 대리석 바닥, 단정하게 제복을 차려입은 호텔리어 등이 떠오르기 마련이다. 호텔 방의 모습도 흰색 리넨 침구로 잘 정돈된 침대와 고급 어메니티가 제공되는 욕실 등 대부분 비슷하다. 그 외에도 고급 호텔 하면 밖에 나가지 않고도 훌륭한 식사를 하거나 운동을 할 수 있는 부속 시설 등을 연상하게 된다. 이런 것들이 고급 호텔에 대한 사람들의 일반적인 인식이었다. 에이스 호텔을 만든 알렉스 칼더우드Alex Calderwood는 '호텔은 과연 투숙객만을 위한 공간이어야 하는가?', '같은 브랜드의 호텔이라고 어디에서나 같은 디자인이어야 하는가?', '호텔의 디자인은 좀 더 편안해질 수 없을까?', '호텔 방이 잘 꾸며진 친구 집 거실처럼 아늑할 수 없을까?'와 같은 질문을 던졌다. 그리고 그런 질문에 대한 답이 될 새로운 개념의 호텔을 만들었다. 주요 도시의 힙한 동네에 자리 잡은 에이스 호텔은 각 지역의 정서에 맞게 디자인되었고, 편안하면서도 트렌디한 느낌의 로비는 그 지역의 아티스트 등 창의적인 분야의 사람들을 불러 모았다. 에이스 호텔 입구나 건물에는 커다란 호텔 간판이 달려 있지 않고, 손님의 체크인을 도와주는 직원들도 유니폼을 입지 않는다.

호텔 방의 구조는 제각각이고 비치된 세련된 물품들을 온라인 숍에서 구매할 수도 있다. 또한 그 지역의 특화된 커피나 베이커리 등과 협업하여 식음료를 판매하기도 한다. 에이스 호텔은 호텔을 자신의 고객들만을 위한 안전하고 품격 있는 공간이 아니라 그 지역 특유의 트렌디한 문화를 경험하게 하는 허브로 바꾸었다. 이렇게 에이스 호텔은 부티크 호텔이 따르고 싶어 하는 새로운 기준이 되었다.

지금까지 해오던 것에 질문을 던지며 떠오른 브랜드 중 하나가 브랜디 멜빌Brandy Melville이다. 브랜디 멜빌은 캘리포니아에서 시작한 여성 패스트 패션 브랜드인데, 단일 사이즈라는 개념으로 패션 업계의 관행을 깨뜨리며 빠르게 성장하고 있다. 대부분의 옷을 S나 XS 정도의 사이즈로 만들어 자신이 살찌지 않았음에 대해 만족감을 느끼는 젊은 세대, 특히 10대 여성 사이에서 인기를 얻고 있다. 이들의 단일 사이즈 정책이 무리한 다이어트를 부추긴다는 비판을 받고 있기도 하지만, 미국 10대들의 패션 아이콘으로 부상하면서 현재 전 세계 10개국에 진출했다.

남이 해오던 일을 그대로 따라 하는 것을 답습踏襲이라고 한다. 답습은 쫓아가는 사람의 입장에서는 효율적인 방법이다. 새로운 개념을 만들어낼 필요도, 연구에 많은 투자를 할 이유도 없을뿐더러 앞선 자의 단점을 보완할 수 있으니 효율적이다. 하지만 현실적으로 판단할 때 앞서가는 브랜드를 영원히 따라갈 수 없는 방법이다. 빠른 속도로 앞서가는 자를 뒤에 출발한 자가 느린 속도로 따라잡을 방법은 현실적으로 존재하지 않는다. 이뿐만 아니라 답습의 가장 큰 문제점은 근본적인 질문을 던지지 않게 된다는 것이다. '왜 그런 것인가?', '반드시 그

래야만 하는 것인가?', '그 방법이 여전히 유효한 것인가?' 등의
질문을 하지 않게 된다는 것이다.

큰 브랜드에 비해 여러 면에서 열세일 수밖에 없는 작은 브
랜드에게 가장 쉬운(쉬워 보이는) 방법은 큰 브랜드의 뒤를 그
대로 따라가는 것이다. 하지만 큰 브랜드가 해왔던 방법을 답
습하는 것은 작은 브랜드에게 양날의 검 같은 것이다. 효율적
이고 안전한(안전해 보이는) 길이면서 동시에 영원히 승리할
수 없는 악순환의 고리로 들어가는 길이다. 자신만의 방법으로
성공하고 싶다면 해오던 것에 대해 근본적인 질문을 던져라.
그래야 새로운 길을 발견할 수 있다. 앞선 자의 발자국만 보고
갈 때는 보이지 않던 다른 길이 보인다. 먼저 출발한 자를 따라
잡을 수 있는 최선의 방법은 다른 길로 가는 것이다. 다른 길로
들어서 스스로가 새로운 기준이 되어야 한다.

▽

해오던 일을 그대로 따라 하면 영원히
앞선 자가 될 수 없다.
지금까지의 방식에 근본적인 질문을 던져라.
'꼭 그렇게 해야 하는 걸까?'

123

남의 힘을 이용하라

'정신적 연대'를 이룰 브랜드를 찾다

13

#수프림＋루이비통 #버거킹＋임파서블 푸드

마케팅에서 '컬래버'라는 단어는 더 이상 새로운 개념이 아니다. 브랜드 마케팅의 관점에서 말하자면, 두 개 이상의 브랜드가 목표하는 바를 달성하기 위해 힘을 합쳐 새로운 개념의 제품이나 서비스를 선보이는 일을 일컫는 '컬래버'(컬래버레이션 collaboration의 줄임말)는 더 이상 특별할 것이 없는 전략이 되었다. 그럼에도 불구하고 현재도 수많은 협업 프로젝트가 기획되고 실행되고 있는 것을 보면 분명히 기대할 만한 긍정적 효과가 있는 듯하다. 그렇다면 중요한 것은 '어떤 상대방'의 '어떤 힘'을 활용할 것인가에 대한 전략적 판단이다. 아직 혼자의 힘만으로 성장 동력을 만들어내기 어려운 작은 브랜드가 참고할 만한 사례 두 가지를 소개하려고 한다.

가장 대표적인 사례로 수프림과 루이비통의 컬래버레이션을 들 수 있다. 대표적 명품 브랜드인 루이비통과 그와는 정반대 방향에 서 있는 스트리트 패션 브랜드 수프림의 협업은 그 자체만으로도 뉴스가 될 만했다. 고급스러움과 우아함을 표방

하는 명품 브랜드와 스케이트보드 문화를 기반으로 반항적 이미지를 가진 젊은 브랜드는 어떤 목적을 갖고 어떻게 협업을 한 것일까?

이 컬래버는 젊은 세대의 명품 소비 트렌드를 활용하기 위해 브랜드 이미지를 좀 더 젊게 만들고 브랜드의 현대성을 강화하고 싶었던 루이비통의 주도로 이루어졌다. 루이비통이 가지고 있는 기존의 고급 이미지에 수프림만의 강렬한 그래픽이 더해지면 시너지를 낼 수 있을 것이라 판단한 마이클 버그 루이비통 회장과 남성복 디렉터인 킴 존스가 추진한 이 협업 프로젝트는 성공적이었다. 컬래버를 통해 럭셔리 패션과 스트리트 패션의 경계를 허물었다는 평을 받았다. 이 프로젝트로 인해 루이비통이 속한 LVMH 그룹의 수익은 23% 성장했고, 목표했던 대로 젊은 세대를 새로운 고객층으로 유입하는 데 성공했다. 수프림 역시 스트리트 패션 브랜드의 한계를 뛰어넘어 외연을 확장함으로써 새로운 소비자층을 확보하고 브랜드의 가치를 올리는 성과를 거두었다.

루이비통과 수프림만큼은 아니더라도 의외의 브랜드 두 개가 힘을 합쳤던 프로젝트 중 하나가 '임파서블 와퍼Impossible Whopper'이다. 이는 버거킹의 와퍼와 임파서블 푸드Impossible

Foods라는 브랜드의 컬래버였는데, 패스트푸드의 대표 브랜드인 와퍼와 환경 보호와 동물 복지를 목표로 대체육 식품을 생산하는 브랜드의 협업이라는 점에서 관심을 끌었다. 어찌 보면 정반대의 사업 방향성을 가진 두 브랜드가 그야말로 적과의 동침을 한 이유는 무엇이었을까? 패스트푸드에 대한 부정적 인식을 보다 건강하고 친환경적 방향으로 전환하고 싶었던 버거킹과 식물 기반의 대체육이 실제 고기와 같은 맛을 낼 수 있다는 것을 증명함으로써 대체육의 대중화를 꾀하고 싶었던 임파서블 푸드의 의도가 역설적으로 맞아떨어졌던 것이다. 기존의 고기 패티 대신 대체육 패티가 들어간 임파서블 와퍼는 출시 전부터 소비자 사이에서 화제를 불러일으켰고, 버거킹은 3.6%의 매출 증가와 18%의 방문자 트래픽 상승이라는 결과를, 임파서블 푸드는 단기간 내 브랜드 인지도를 올리는 효과를 얻게 되었다.

두 가지 사례에서 얻을 수 있는 교훈은 크게 두 가지이다. 첫 번째, 그 자체가 뉴스성을 가져야 한다는 점이다. 컬래버의 목적이나 기획이 훌륭하다 해도 사람들의 관심을 끌지 못하면 무용지물이 된다. 곰표 밀가루(대한제분)가 세븐브로이와 함께 곰표 맥주를 내놓아 화제가 되었던 이후 나왔던 아류의 컬

129

래버 제품 중 곰표 맥주만 한 성공을 거둔 것이 있던가? '2등은 아무도 기억하지 않는다.'는 오래전의 광고 카피를 떠올려보자. (이 카피의 원전이라 할 수 있는 '마케팅 불변의 법칙'에는 'It's better to be first than it is to be better.'라고 써 있다.) 뉴스는 첫 번째만 누릴 수 있는 특권이다. 이것은 컬래버만의 문제가 아니다. 브랜딩을 위한 어떤 전략을 기획하고 실행하든, 그 아이디어는 목적과 부합하는 것이어야 하고, 기존의 것들과 차별화되어야 한다. 목적 적합성에 있어서는 큰 문제가 없지만, 많은 경우 차별성에 있어서는 과감하지 못하다. 이미 시장에서 성과를 증명받은 것을 따라 하는 것이 마음 편하기 때문이다. 기획자의 마음이 편하다는 것은 시장에서 마찰음을 만들어내지 못한다는 의미이다. 마케팅 전략을 받아들이는 소비자에게 익숙한 것은 스쳐 지나가기 마련이기 때문이다. '어, 이게 뭐지?'라는 반응을 이끌어내기 어렵다.

두 번째, 컬래버를 통해 서로 얻을 것이 명확해야 하는데, 그러기 위해서는 이종 결합이 효율적일 수 있다. 얼핏 생각하면 비슷한 성격을 가진 브랜드 간의 협업이 더 큰 시너지를 만들어낼 수 있을 것 같지만, 그렇지 않은 경우가 더 많은 것 같다. 일단은 목표로 하는 타깃이 비슷할 수 있기 때문에 외연을 확장하는 데에는 한계가 있다. 예를 들어 커피와 베이커리가 협업을 하면 어떤 일이 일어날까 생각해 보자. 두 가지가 잘 어울리기 때문에 얻을 수 있는 긍정적 효과와 타깃이나 이미지 등의 중복으로 인한 축소 효과 중 어느 것이 더 클 것인가? 또한 두 가지가 너무 잘 맞아서 당연하게 받아들여짐으로써 뉴스성이 희석되는 일은 없을 것인가? 기왕이면 전혀 다른 업종의 두 브랜드가 힘을 합치는 것이 좋다. 같은 업종에서는 기대하기 어려운 새로운 힘을 활용하는 것이 더 효과적일 수 있다. 그로 인해 새로운 고객층으로의 확장을 기대할 수도 있다. 그뿐만 아니라 예상치 못했던 결합은 앞에서 이야기했던 뉴스성을 강화하는 데 아주 좋은 소재가 될 수 있다.

남의 힘을 이용하는 것은 작은 브랜드에게는 아주 중요한 전략이다. 하지만 작은 브랜드가 필요로 하는 협업 브랜드를 찾는 일은 쉽지 않은 일이다. 협업의 상대방 역시 남의 힘을 필요로 하는 상태일 것이므로 내가 도움을 줄 수 있는 부분이 명확해야만 하기 때문이다. 또다시 브랜드의 본질에 대해 이야기할 수밖에 없다. 자신의 브랜드를 설명할 수 있는 명확하고도 차별화되는 형용사가 있어야 그것이 상대방에게 협업의 명분이 되는 것이다. 일단 브랜드가 추구하는 본질에 최선을 다해 자신의 강점을 어느 정도 완성한 뒤에 다음 단계의 성장을 위해 적합한 협업 파트너를 찾는 것이 중요하다.

▽

혼자만의 힘으로 성장할 수 없는 단계가 온다면

다른 브랜드와의 협업을 시도하라.

그리고 그것 자체가 뉴스가 되게 하라.

The one

and only

IMPOSSIBLE™
Whopper®

브랜드 하나를 키우기 위해
온 회사가 필요하다

브랜드 이미지 언행일치

14

"아이 하나 키우는 데 온 마을이 필요하다."라는 말이 있다. 맞벌이 부부가 늘고 있는 요즘, 아이를 키우기 위해서는 남편은 물론이고 친정, 시댁, 친구, 지역사회 등의 도움이 필요하다는 말인데, 브랜드도 똑같다. 온 회사가 동원되어야 한다. 제품이나 서비스에 적합한 브랜드 포지셔닝이나 광고 메시지를 개발하고 그것을 다양한 마케팅 활동이나 광고를 통해 전달하는 방식에서는 굳이 온 회사가 동원될 필요가 없었다. 이는 주로 마케팅이나 광고를 담당하는 부서의 몫이었다. 하지만 이제는 마케팅이나 광고만으로 제품이나 서비스를 포장하기 어려운 시대가 되었다. 소비자들은 자신들의 다양한 경험을 SNS로 빠르게 공유하며 브랜드의 이미지를 스스로 만든다. 그렇지 않은 것을 그런 것처럼 꾸밀 수 없다. 브랜드의 언행일치가 중요하다.

그렇기 때문에 브랜드를 만드는 데 온 회사가 동원되어야 한다. 온 회사가 동원된다는 의미는 크게 세 가지로 볼 수 있다.

무엇보다 브랜드 운영의 핵심 주체라고 할 수 있는 경영진과 브랜드 담당자 스스로 브랜드의 가치와 중요성을 완벽하게 이해하고 있어야 한다. 그래야만 브랜드에 대한 큰 그림을 제대로 그릴 수 있다. 두 번째, 회사 전체가 브랜드 중심적으로 돌아가야 한다. 이를 위해서는 조직을 브랜드 중심으로 바꾸는 것이 중요하다. 브랜드를 만들어간다는 것은 지속성과 일관성을 필요로 하는 일이기 때문에 단기적인 생산, 판매, 재무 등의 상태에 따라 방향이 바뀌거나 부서마다 각기 다른 목소리를 내는 일이 없어야 한다. 그러기 위해서는 브랜드를 담당하는 부서가 조직 내의 다른 기능을 가진 부서들과 유기적으로 협조할 수 있도록 조직을 만들어야 한다. 마지막으로 가장 중요한 부분은 조직원 전체의 브랜드화이다. 내가 사랑하지 않는 것을 남에게 사랑하라 할 수 없다. 그리고 내가 사랑하는 것을 다른 사람에게 모두 같은 목소리로 설명할 수 있어야 한다. 이를 위해 조직원 전체가 브랜드의 가치와 중요성을 잘 이해하고 있어야 한다. 단, 비전 선포식이나 단합 대회와 같은 일방적 방식이 아니라 조직원들 자신이 능동적으로 받아들이고 참여할 수 있도록 내부 캠페인을 기획하는 것이 중요하다.

2019년 브랜드 컨설팅을 통해 브랜드의 가치를 새롭게 정립한 NH투자증권의 브랜딩 프로젝트가 이 세 가지를 잘 설명하는 사례가 될 듯하다. NH투자증권의 경우는 대형 브랜드이지만, 브랜드의 가치를 새롭게 만들어가는 과정이 구체적이고 체계적이었기 때문에 브랜드의 힘을 키우려는 작은 브랜드에게 좋은 가이드라인이 될 것이다.

이 프로젝트의 최대 과제는 기업의 실체에 걸맞은 브랜드 이미지를 만드는 것이었다. 기업의 규모를 측정하는 여러 지표는 상위권인데, 브랜드 관련 지표는 중위권에도 미치지 못하고 있었다. 일단 우리는 임직원 인터뷰를 통해 브랜드가 지향해야 할 브랜드의 비전 체계를 정립했다. 그 비전에 맞추어 '투자, 문화가 되다'라는 브랜드 슬로건을 만들었다. 이후의 모든 활동은 철저하게 비전 체계와 슬로건에 맞추어 진행되었다. 가장 먼저 진행된 일은 내부 고객, 즉 조직원들과 이 생각을 공유하는 일이었다. 직원들과의 인터뷰를 통해 파악된 인사이트를 기반으로 'Be the Creator'라는 내부 캠페인을 진행했다. 그들의 진짜 목소리를 담은 포스터를 만들어 본사 건물 곳곳에 붙였다.

동시에 브랜드 비전에 어울리는 디자인 시스템을 새롭게 개발해 이것을 사내 모든 시스템에 적용했다. 새로운 디자인이 적용된 다이어리, 펜, 텀블러 등을 만들어 전 직원에게 배포해 그들 모두가 캠페인의 진행자임을 인식시켰다.

보다 구체적으로 새로운 비전을 직원들과 공유하기 위해 브랜드 비전 체계를 기획한 나와 NH투자증권의 CEO가 함께 앉아 토크쇼 형식으로 자연스럽게 이야기를 나누었고, 온라인을 통해 전 직원에게 전달했다.

다음 단계는 내부 고객과 기업의 핵심 고객들에게 새롭게 정립된 비전과 메시지를 경험하게 하는 것이었다. 서울 압구정동 한복판에 '제철식당'이라는 이름의 팝업 레스토랑을 만들고, 직원들과 핵심 고객을 초청했다. 제철식당은 문화라는 키워드와 NH투자증권의 모그룹인 농협의 제철 식재료를 결합한 경험 이벤트였다. 수많은 고객과 직원들이 방문해 수준 높은 식문화와 새로운 브랜드의 디자인 모티브를 경험하고 돌아갔다. 다음 해에는 경험의 대상을 일반 고객과 잠재 고객으로까지 넓혀 '문화다방'이라는 이름의 2차 브랜드 경험 이벤트를 실시했다. 문화다방은 고급 카페 문화와 고객이 필요로 하는 다양한 분야의 문화 강좌를 결합해 기획한 팝업 카페였다. 첫 번째 이벤트보다 훨씬 많은 고객들이 찾아주었고 SNS를 통해 브랜드가 전달하고자 하는 메시지가 자발적으로 공유되었다. 문화다방은 브랜드 광고의 소재로도 활용되어 '투자, 문화가 되다'라는 메시지가 자연스럽게 일반 대중에게 전달되기 시작했다.

이 프로젝트는 2년간 진행되었다. 단기적인 실적이 드러나지 않는 것에 대한 내부 불만이 중간중간 제기되기도 했다. 하지만 브랜드 사무국이 별도로 만들어져 다른 부서와의 조율을 담당했고, 최고 경영자를 비롯한 관련 임원들로 구성된 브랜드 전략위원회에서 브랜드와 관련된 주요 의사 결정을 했기 때문에 일관성을 잃지 않고 진행될 수 있었다.

이렇게 시작된 프로젝트는 현재도 진행되고 있다. 중간에 여러 사정으로 잠시 중단되긴 했지만, 다시 방향성을 정비하고 후속 캠페인을 실행하며 브랜드가 도달하고자 하는 곳을 향해 나아가고 있다. 이런 과정 속에서도 여전히 회사 내부의 다양한 의견을 듣고 도출된 결론을 그들과 공유하는 일을 가장 중요하게 생각하며 실천하고 있다.

브랜드 하나를 만들기 위해 온 회사를 동원하는 일은 쉽지 않다. 그렇기에 조직이 비교적 가볍고 유연한 작은 브랜드가 훨씬 유리하다. 그럼에도 불구하고 작은 브랜드와 일하다 보면 큰 브랜드보다도 조직이 유연하지 못하고 부서 간의 갈등도 많은 경우가 종종 있다. 이런 문제를 해결할 수 있는 사람은 최고 경영자밖에는 없다. 최고 경영자가 브랜드의 중요성과 가치를 제대로 인식하고 정확한 가이드라인을 제시해야 한다. 좀 더 직설적으로 이야기하자면 강력하게 밀어붙여야 한다. 브랜드를 제대로 만드는 것이 장기적으로 제품 개발, 판매, 관리, 인사

등 모든 분야에 긍정적 영향을 끼친다는 점을 설득해야 한다.

▽

좋은 브랜드를 만드는 일은 마케팅 담당자만의

임무가 아니다.

브랜드와 관련되지 않은 부서나 사람은 아무도 없다.

'전 직원의 브랜드화'가 답이다.

키워야 할 것은 영향력이다

15

매출 규모가 아니라, 피렌디이 아성

캠핑 인구가 증가하고 있다. 캠핑의 종류도 백패킹, 글램핑, 차박 등으로 다양해지며, 캠핑 장비 시장도 발전하고 있다. 더 가벼워지고, 더 편리해지고, 더 멋지게 진화하고 있다. 진화하고 있는 캠핑 장비 중에 유독 눈에 띄는 브랜드가 하나 있다. 헬리녹스Helinox이다. 캠핑에 관한 대화를 나누다 보면 빠지지 않고 등장하는 브랜드 중 하나이다. 제품의 품질이 뛰어나고 디자인도 세련되어서 북유럽 쪽에서 만든 명품 브랜드가 아닐까 막연하게 짐작하고 있었다. 내 짐작은 완전히 빗나갔다.

헬리녹스는 동아알루미늄을 모기업으로 둔 한국 브랜드이다. 세계 최고의 알루미늄 텐트 폴대를 만들어온 모기업의 기술력을 바탕으로 혁신적인 캠핑 의자를 개발했다. 2012년 탄생한 캠핑 의자 체어원은 초경량 고강도 알루미늄 뼈대를 이용해 무게가 890g에 불과하면서도 145kg의 중량을 견딜 수 있는 놀라운 제품이다. 체어원 이외에도 다양한 캠핑용 제품들이 인기를 얻으며 헬리녹스의 매출은 지속적으로 성장해 2023년 785

억 원을 기록했다.

하지만 주목해야 할 것은 헬리녹스의 매출 규모가 아니라 브랜드의 위상이다. 헬리녹스의 매출을 능가하는 세계적인 캠핑 브랜드는 많지만, 캠핑 의자 카테고리에서 헬리녹스라는 브랜드가 가진 영향력은 세계 최고 수준이다. 초경량 고강도 알루미늄이라는 원천 기술에 최상급의 부품과 감각적인 디자인을 결합시켜 탄생시킨 체어원은 캠퍼들이 가장 갖고 싶어 하는 캠핑 의자이다. 일본의 명품 아웃도어 브랜드인 몽벨의 부회장이 헬리녹스를 수입하기 위해 인천에 있는 헬리녹스 본사를 두 차례나 방문했을 정도라고 한다. 10년이 조금 넘는 짧은 시간에 헬리녹스는 월드 클래스 캠핑 브랜드가 되었다.

헬리녹스의 사례는 작은 브랜드가 어떻게 성장해야 하는지 잘 보여준다. 결론적으로 작은 브랜드는 큰 브랜드의 성장 패러다임을 따라가면 안 된다. 비즈니스의 기본적인 속성이 성장임은 부정할 수 없다. 하지만 무엇을 성장시킬 것인지 잘 생각해야 한다. 우리가 익히 알고 있는 재벌 기업의 성장 신화는 더 이상 일어나지 않는다. 도전 정신만 가지고 불가능한 무언가를 이룰 수 있는 시대가 아니다. 작은 브랜드는 규모나 크기의 경쟁에서 큰 브랜드를 이길 방법이 없다. 하지만 영향력 면에서는 얼마든지 큰 브랜드를 이기는 것이 가능하다. 영향력을 키우는 것으로 작은 브랜드만의 성장 패러다임을 만들어가야 한다.

초경량 고강도 알루미늄 기술을 바탕으로 혁신적인 캠핑 의자를 개발한 헬리녹스의 성공 사례를 보면서 작은 브랜드가 어떻게 영향력을 키워야 하는지 추론해 볼 수 있다. 두 가지가 필수적이다. 하나는 기술의 진정성이고, 다른 하나는 집중을 통한 전문성이다. 소비자 조사를 통해 기획된 제품을 만들어 마케팅으로 매출을 늘리는 것이 큰 브랜드의 성장 방식이라면, 작은 브랜드는 반대의 길을 가야 한다. 제품이나 서비스의 종류를 늘려 외연을 확장시키는 것이 큰 브랜드의 성장 목표라면, 작은 브랜드는 다른 길로 가야 승산이 있다.

이 두 가지 개념은 밀접하게 연결되어 있다. 진정성 있는 기술을 개발하게 되면 한 가지 분야에 집중하는 것이 가능하게 되고, 한 가지 분야에 집중하면 그 분야에서 독보적인 기술을 가지게 될 가능성이 높아진다. 진정성 있는 기술이란 목적의 진정성과 연결되는 개념이다. 단순히 제품이나 서비스를 많이 팔기 위한 기술의 반대 개념이다. 빵 만드는 기술을 예로 들어 보자. 가능한 한 짧은 시간에 효율적으로 많은 빵을 만들기 위한 기술과 누구의 빵과도 같지 않은 맛을 내기 위한 기술은 다

144

를 수밖에 없다. 판매만을 목적으로 개발된 기술은 지속적으로 발전되기 어려운 반면, 진정성 있는 기술은 목적의 달성을 거듭하며 더 나은 기술로 진화할 가능성이 크다. 이는 그 분야에서의 전문성을 강화하는 요인으로 작용한다.

진정성 있는 기술을 가지고 한 분야에서 성공적으로 출발한 작은 브랜드들은 많다. 문제는 그다음이다. 그 기술을 활용해 한 분야에서 더욱 깊이 뿌리를 내리는 대신 양적 성장을 위해 외연을 넓혀가는 선택을 하는 사례가 적지 않다. 이런 경우 대부분 성공하지 못한다. 성공하더라도 의미 없는 크기의 성장만 남아 최초의 의도나 기술은 온데간데없어진다. 개인적으로 가장 안타깝게 생각하는 브랜드 중 하나가 '한경희생활과학'이다. 2003년 주부로서 자신의 고민을 반영한 제품, 스팀 청소기를 선보인 이후 스팀 다리미와 스팀 진공청소기 등을 연이어 출시하여 놀라운 성장세를 보이던 이 브랜드는 지금은 소비자의 인식 속에서 사라졌다. 기술적 연관성이 없는 제품으로의 무리한 확장이 실패의 가장 큰 원인이라고 생각한다. 스팀이라는 기술에 집중해야 했다. 그때 스팀 기술에 집중했다면 한경희생활과학이 어쩌면 스팀을 핵심 기술로 한 다이슨 같은 브랜드가 되지 않았을까 하는 상상을 해본다.

누군가는 크기가 커지면 영향력도 따라 커지는 것이 아니냐고 반문할 수도 있다. 예전에는 큰 기업, 큰 브랜드에 대한 막연한 신뢰가 있었는지 모르겠다. 하지만 지금은 그렇지 않다. 소비자는 크기나 규모보다는 전문성에 더 큰 영향을 받는다. 같은 카테고리 내에서 대기업의 브랜드와 경쟁하면서도 영향력을 잘 키워가고 있는 전문 브랜드가 늘고 있다.

▽

물리적 크기가 아닌 영향력의 크기를 키워라.
진정성과 기술력이 결합될 때 영향력은 커진다.

'나'를 표현하게 하라

소비자가 주체가 되다

16

우리가 사는 세상은 스티브 잡스가 세상에 아이폰을 선보인 2007년 전과 후로 나뉜다. 전화기와 인터넷, 음악, 카메라의 물리적 결합은 삶의 방식을 화학적으로 바꾸었다. 이제 스마트폰 안에는 사용자의 삶과 관련된 거의 모든 것이 들어 있다. 스마트폰을 잃어버린다는 것은 일상이 정지되는 것을 의미하는 지경이 되었다. '나'를 잃어버린 듯한 공황 상태를 경험한다. 스마트폰은 나와 나의 삶을 대변하는 신분증이 되었다.

이런 변화 속에서 주목받고 있는 브랜드가 있다. 2011년 홍콩에서 시작된 케이스티파이Casetify 이야기이다. 이름에서 짐작할 수 있듯, 스마트폰 케이스 브랜드이다. 스마트폰이 등장한 이후 관련 산업으로 발전한 것 중 하나가 폰 케이스 제조업인데, 수많은 폰 케이스 중에 케이스티파이가 높은 인기를 얻고 있는 현상은 상당히 흥미롭다. (2024년 10월 기준 인스타그램에 #casetify로 올라와 있는 게시물의 숫자는 60만 개가 넘는다.)

케이스티파이라는 이름이 이 브랜드를 잘 설명한다. 이 이름에 대한 설명이나 스토리가 나와 있는 기사나 글을 보지는 못했지만, 이 브랜드의 실체를 들여다보면 뒷부분의 'tify'가 identify를 의미하는 것이 아닐까 짐작하게 된다. 케이스티파이는 구매자의 인스타그램 사진을 이용한 맞춤 폰 케이스로 사업을 시작했다. 그 이후에는 다양한 디자인을 도입해 각 디자인별로 컬러를 바꾸거나 문구를 넣는 방법 등으로 개인화된 폰 케이스를 만들어주는 방식을 도입했다. 현재 약 2천 개 이상의 디자인을 다양한 색상과 범퍼 타입에 따라 고를 수 있고 원하는 문구까지 넣을 수 있어 '나만의 폰 케이스'를 만든다는 표현이 결코 과장된 것이 아니다. 게다가 케이스티파이는 각종 유명 브랜드와의 컬래버레이션을 통해 새로운 디자인을 지속적으로 선보이고 있다.

케이스티파이의 창업자 웨슬리 응의 2017년 인터뷰를 보면, 'tify'가 identify를 의미한다는 것을 확신할 수 있다. "회사가 커가면서 우리의 고객들이 원하는 것이 단순한 맞춤 제작이 아니라는 생각이 들었어요. 그들은 자신을 대변할 수 있는 무언가, 즉 그것을 통해 자신을 표현할 수 있는 것을 원하는 것입니다."

원래 브랜드가 가지고 있는 역할 중 하나가 '나'를 표현하는 것이니, 그리 새로운 이야기가 아니라고 생각할지 모르겠다. 하지만 기존의 마케팅에서 이야기하는 것과 케이스티파이의 사례에서 보는 것은 그 방법과 이유의 측면에서 근본적으로 다르다. 마케팅에서 '나'를 표현한다는 것은 브랜드 이미지를 '나'에게 전이시키는 것이다. 즉, 브랜드가 만들어놓은 이미지를 소비자가 받아들여 자신의 이미지화하는 것이다. 코카콜라와 펩시콜라의 이미지 중 자신에게 더 잘 어울리는 것을, 나이키와 아디다스의 이미지 중 자신을 더 잘 나타내는 것을, 아이폰과 갤럭시의 이미지 중 자신의 라이프스타일과 잘 맞는 것을 선택해서 자신의 이미지로 만든다. 브랜드가 만들어놓은 배지 badge를 사서 달고 다니는 것이다.

반면 케이스티파이의 경우에 이미지를 만드는 주체는 구매자이다. 케이스티파이는 이미지를 만들 수 있는 재료를 제공할 뿐이다. 물론 제공하는 이미지의 재료가 제한적이기 때문에 소비자의 이미지 욕구를 완벽하게 충족시킬 수는 없다. 하지만 구매자는 이미지를 만들 수 있는 재료가 가득한 편집 매장에 들어가 자신에게 어울리는 재료들을 조합해서 '나만의 것'을 만든다. 이미 만들어진 배지를 사는 것이 아니라 자신만의 배지를 만드는 것이다.

브랜드는 자신이 만든 이미지로 소비자를 나눌 수 있다는 발상에서 벗어나야 한다. 소비자는 진화해서 브랜드가 의도한 대로 따라오지 않으며, 그들의 삶은 다양하게 분화하고 있어 몇 개의 구분선으로 나누는 것이 불가능해지고 있다. 대신 브랜드를 통해 자신이 추구하는 이미지나 삶의 모습을 'identify' 할 수 있도록 해주어야 한다.

이처럼 브랜드를 통해 자신을 표현하고자 하는 욕구는 시장의 초세분화 경향과 밀접하게 관련이 있다. 그렇기 때문에 하나의 브랜드가 다양하게 나누어지는 삶의 형태나 사용 목적을 충족시켜 줄 수 있다면 더할 나위 없을 것이다. 이러한 시장의 개인화 경향을 잘 충족시켜 주고 있는 브랜드가 '펑션오브뷰티 Function of Beauty'이다. 모든 사람이 자신의 고유한 필요와 스타일에 맞는 제품을 가질 수 있어야 한다는 생각으로 2015년 설립된 맞춤형 샴푸 브랜드이다. MIT 출신의 기계공학자들이 기획한 이 샴푸는 12억 가지 경우의 수와 개인화 알고리즘을 통해 개인별로 샴푸를 커스터마이징해 준다. 홈페이지에 들어가 모발 타입, 굵기, 원하는 기능, 색상, 향기 등을 선택하면 자신의 모발에 가장 적합한 샴푸를 만들어준다. 그리고 샴푸 용기에 소비자가 정한 이름을 프린트하여 배송해 준다. 2019년 10

월 뉴욕시에서 옥외 광고 캠페인을 진행한 이후 이 브랜드의 인지도는 22%, 웹사이트 트래픽은 48%, 주문량은 28% 증가했다고 한다. 점점 잘게 나누어지는 시장의 현상에 어떻게 대응하는가에 따라 기존의 카테고리에 뒤늦게 진입한 작은 브랜드도 성공할 수 있음을 보여주는 사례이다.

소비자가 원하는 것은 점점 세분화되고 고도화될 수밖에 없다. 대중적인 매스 브랜드로 이런 추세에 대응하는 일은 힘들어질 것이 분명하다. 한 가지의 본질을 중심으로 소비자의 다양한 욕구를 만족시킬 수 있는 방법이 있다면 이는 작은 브랜드에게 좋은 기회가 될 것이다. 한 번에 시장을 압도할 수 있는 큰 칼보다 섬세하게 시장을 요리할 수 있는 작지만 날카로운 칼이 효과적인 시대이다.

▽

'나만의 것', '나를 말해 줄 수 있는 것'을
원하는 시대이다.
브랜드로 나를 표현할 수 있는 방법을 찾아라.

경쟁의 영역을 최대한 좁혀라

좁혀야 깊어진다

17

두 개의 직사각형을 생각해 보자. 면적은 100㎠로 같다. 하지만 하나는 가로 20cm, 세로 5cm이고, 다른 하나는 가로 5cm, 세로 20cm이다. 면적은 한 브랜드가 쓸 수 있는 에너지의 총량이고, 가로는 경쟁해야 하는 영역의 폭, 세로는 전문성의 깊이를 의미한다고 해보자. 작은 브랜드는 두 번째 직사각형을 성장 모델로 삼아야 한다.

작은 브랜드의 관계자와 만나 이야기할 때마다, 나는 경쟁해야 하는 제품이나 서비스의 범위를 최대한 좁히는 것이 좋다고 조언하지만 잘 받아들여지지 않는다. 자신이 쓸 수 있는 에너지의 총량이 100㎠임을 알면서도 가로도 20cm, 세로도 20cm로 만들 수 있다고 착각한다. 가로 길이를 줄이고 세로 길이를 늘이면 자신보다 에너지의 크기가 몇 배나 되는 큰 브랜드와도 경쟁할 수 있다. 자신이 집중하는 분야에 관해서는 큰 브랜드보다 더 깊게 들어갈 수 있기 때문이다.

장사가 잘되지 않는 식당에 가보면 대부분 메뉴판이 복잡하다 처음에는 삼겹살 전문점으로 시작했다가 장사가 신통치 않으니 설렁탕과 삼계탕을 추가하고 여름이면 냉면과 콩국수도 내놓는다. 일할 수 있는 인력도, 주방의 크기도 한정되어 있는데 메뉴만 늘어난다. 어떻게 해야 할까? 답은 하나다. 잘할 수 있는 것 하나에 집중해야 한다. 삼겹살이 잘 팔리지 않을 때는 다른 곳에서는 맛볼 수 없는 삼겹살구이를 팔 수 있는 방법을 생각해야 한다. 옆 식당의 부대찌개가 잘 팔린다고 부대찌개를 추가하면 문제는 점점 악화된다.

이런 상식적인 이야기에 대부분 동의할 것이다. 하지만 자신의 브랜드에 관해서는 그렇지 않다. 매출이 오르지 않으면 브랜드의 본질에서 해법을 찾기보다 경쟁 브랜드가 왜 잘되고 있는지 바라본다. 그리고 그들이 하는 것을 따라 하려고 한다. 2014년부터 몇 년 동안 파파이스라는 브랜드를 위해 일한 경험이 있다. 여러 가지 이유로 비즈니스는 활로를 찾지 못하고 있었다. 나는 메뉴 개선을 위해 미국 본사에서 온 경영진에게 파파이스만의 강점을 살려 치킨과 특유의 소스에 더 집중해야 한다고 조언했다. 하지만 현실은 경쟁 브랜드에서 잘 팔리고 있는 불고기버거 등 다양한 버거 메뉴와 새롭게 개발한 음료를 추가하는 것으로 끝났다. (2020년 말 파파이스는 한국 내 영업

을 종료했다가 현재는 국내 다른 기업과 계약을 맺고 다시 영
업을 하고 있다.)

　　잘할 수 있는 한 가지에 집중하는 것은 왜 어려운 것일까?
불안하기 때문이다. 세로 길이가 길어지는 것을 누구는 '깊어
진다'고 보기도 하지만 누군가는 '얇아진다'고 보기도 한다. 얇
아지는 것에 대한 불안감이 문제다. 얇아진다는 것은 쉽게 끊
어질 수 있다는 위험성을 내포하고 있기 때문에 불안한 것이
다. 물론 그럴 수 있다. 그렇다고 해서 가로 길이를 늘이면 안전
해지는가? 마찬가지로 누군가는 '두터워진다'고 하겠지만, 다
른 시각으로 보면 '펑퍼짐해지는 것'이다. 비즈니스에서 확률
100%의 길은 존재하지 않는다. 모든 길은 불확실성과 위험성
을 가지고 있다. 깊어지면 얇아지는 건 사실이다. 하지만 이 문
제는 시간의 흐름에 따라 기술과 노하우가 쌓이고 발전하면 해
결될 수 있다. 강화된 전문성으로 얇아진 이음새를 견고하게
만들 수 있다.

　　가이카도開化堂라는 브랜드의 사례가 이를 잘 설명해 준다.
가이카도는 일본 교토에서 6대째 차통(차를 담아 보관하는 금
속 통)을 만들고 있는 브랜드이다. 차통 하나만 만든다는 건 정

말 불안한 일이다. 차를 보관하는 더 나은 대안이 나오면 위기를 맞을 수밖에 없는 외길이다. 그런데 메이지 시대부터 150년 가까이 업을 유지하고 있다. 가이카도의 차통을 직접 보면 충분히 그럴 수 있겠다는 생각이 들 것이다. 단순하지만 정교하다. 130단계의 공정을 일일이 손으로 작업한다. 20여 명의 직원이 하루에 만들 수 있는 차통의 개수는 많아야 40개 정도이다. 특히 뚜껑 부분을 정교하게 다듬어 차통을 열고 닫을 때마다 사용자가 기쁨을 느끼게 하는 것이 이들의 목표라고 한다. 상당한 내공이 필요한 작업이어서 아무나 쉽게 따라 할 수 있는 것이 아니다. 전 세계 차 애호가들로부터 주문이 들어온다. 요즘의 트렌드에 맞춰 제품 라인을 다양화하기도 했다. 커피 캔과 파스타 용기 그리고 파나소닉과 협업으로 스피커도 만들었다. 젊은 세대와의 교감을 위해 교토역과 가까운 중심가에 작지만 멋스러운 가이카도 카페도 만들어 운영한다. 업의 깊이는 그대로 유지한 채 조심스러운 확장을 하고 있는 것이다.

하루 사이에도 수많은 브랜드가 탄생한다. 한 브랜드가 차지할 수 있는 영역이 줄어드는 것은 부정할 수 없는 사실이다. 가로 영역은 줄이고 세로 길이를 늘여야 한다. 넓히는 것은 비교적 쉽게 따라 할 수 있다. 하지만 깊게 만드는 것은 시간과 노

하우 없이는 불가능하다. 경쟁의 영역을 최대한 좁히면 자신만

의 경쟁력을 확보할 수 있다.

▽

경쟁의 영역을 최대한 좁혀라.

경쟁력은 깊어질 것이다.

업의 흐름을 읽어라

라이프스타일의 변화에 유연하게 대처하다

18

아주 오래전에 촬영 때문에 스페인 톨레도 근교 호텔에서 묵었던 기억이 있다. 촬영이 늦게 끝나는 바람에 일행들은 밤 10시가 다 되어 호텔에 도착했는데, 호텔은 스페인의 작은 고성을 개조해서 만든 무척이나 아름다운 곳이었다. 촬영 일정 때문에 일행은 다음 날 새벽에 호텔을 떠나야만 했다. 너무 아쉬웠다. 그때 이런 생각을 했다. '이렇게 아름다운 곳에서 온전히 며칠 머무는 여행을 했으면 좋겠다.'

그 후로 꽤 세월이 흐른 2021년 봄 처음으로 그런 여행을 했다. 아주 오랜만에 제주도 여행을 다녀왔다. 한 동네, 한 숙소에서 6일을 머물렀다. 차를 타고 유명 관광지를 돌아다니는 대신 민박집 주변에서 대부분의 시간을 보냈다. 아침에 눈을 뜨면 내가 머무는 방의 큰 창문에 제주의 동쪽 바다가 사진처럼 펼쳐졌고, 숙소 앞 해안도로를 따라 아침 달리기를 마치고 들어오면 주인집 부부가 정성껏 만들어준 아침 식사 바구니가 나를 기다리고 있었다. 나머지 시간은 근처 괜찮은 카페에서 커피를 마시거나, 바닷가에 나가 책을 읽고, 근처 책방을 어슬렁거리다 돌아오기도 했다. 그 동네 사람처럼 지내다 왔다.

관광지를 돌아다니며 인증 사진을 찍는 대신 한 지역에 머물며 그 동네의 생활을 즐기는 여행자가 늘고 있다. 이런 변화 속에 스테이폴리오Stay Folio라는 새로운 형태의 서비스가 생겨났다. 그들은 스스로를 숙박 큐레이션 서비스라고 정의한다. 큐레이션이라는 말은 사전에는 원래 존재하지 않던 신조어이다. 미술관이나 박물관에서 전시할 작품을 기획하고 설명해 주는 사람을 뜻하는 큐레이터에서 기원하여 큐레이터와 같은 일을 하는 것을 언젠가부터 큐레이션이라 부르기 시작했다. 그러니 숙박 큐레이션이라 함은 여행의 목적이나 여행자의 취향 등에 적합한 숙소를 큐레이터처럼 선정하여 제시하는 일을 한다는 뜻일 것이다.

이런 서비스는 기존에 존재하던 호텔 통합 예약 서비스와는 근본적으로 다르다. 여행할 지역과 날짜를 입력하고 가격, 인원 등의 조건을 입력하면 예약 가능한 호텔을 제시해 주는 것이 아니라, 여행하고 싶은 지역에 있는 다양한 형태의 스테이와 각 스테이별 세세한 특징을 알려준다. 숙소에 머무는 것이 여행의 중요한 부분이 된 사람들을 위한 새로운 서비스이다.

스테이폴리오의 슬로건은 '머무름만으로 여행이 되다'이다. 요즘 여행의 흐름을 잘 반영하고 있다. 스테이폴리오 홈페이지에 들어가 보면 여행을 하기 위해 숙소를 정하는 것이 아니라, 숙소에 머물고 싶어 여행을 계획하게 된다. 스테이폴리오는 자체적으로 서촌에 한옥 스테이를 운영하고 있다. 서울에 사는 사람이 자신의 집을 떠나 서울의 한옥에서 머물며 여행하는 일이 하나도 이상하지 않은 시대가 된 것이다.

스테이폴리오는 여행 라이프스타일의 진화에 따른 '업'의 변화를 잘 보여준다. 제품이나 서비스를 중심으로 한 '업'이라는 것은 때론 소비자의 라이프스타일을 주도하기도 하지만 대부분은 새로운 라이프스타일의 초기 수용자 그룹의 탄생과 때를 같이하며 변화한다. 배달의 민족이 그랬고, 마켓컬리가 그랬다. 업의 원초적인 본질은 변하지 않지만 그것을 제공하는 방법이나 모양은 소비자 라이프스타일의 변화에 따라 달라져야 한다. 이런 변화는 작은 브랜드에게는 양날의 검 같은 것이다. 어찌 보면 이 책의 중요한 메시지 중 하나인 '한 우물을 깊게 파라'와 배치되는 현상이다. 한 가지 일에 집중해 온 작은 브랜드는 환경의 변화에 대응해 자신을 변화시키기 쉽지 않다. 변화를 위해서는 신중한 결정이 필요하다. 신중한 결정을 위해서는 현재 자신이 가진 '차별적 우위점이 지속적으로 작동할 것인가?'라고 스스로에게 물어야 한다. 자신의 브랜드가 가지고 있는 핵심 DNA가 차별적이며 변화의 시기 이후에도 여전히 시장성을 가질 만큼 유효할 것인가를 냉정하게 판단해야 한다. 그 질문에 자신 있게 대답할 수 있다면 한 우물을 파는 것이 답이고, 그렇지 않으면 빠르게 변화를 준비해야 한다.

20세기 말 맥킨토시 컴퓨터의 등장으로 위기를 맞았던 충무로 인쇄 골목에서 '아무리 컴퓨터가 다 해준다 해도 원색 분해나 제판 작업을 하지 않고 어떻게 인쇄 원고를 만들어?'라는 반응을 들었을 때 나는 이 골목에 곧 위기가 닥칠 것을 걱정했다. 디지털카메라를 세계 최초로 개발하고도 기존의 사업을 보호하기 위해 변화를 포기했던 코닥도 업이 어느 방향으로 흘러가는지 제대로 읽지 못했던 것이다.

소비자 라이프스타일의 변화는 비교적 몸집이 작아 민활하게 움직일 수 있는 작은 브랜드에게 업의 흐름을 읽고 변화를 선도할 수 있는 기회가 되기도 한다. 최근 빠른 속도로 늘고 있는 테니스 인구를 겨냥해 만들어진 '스매시Smaxh'라는 앱이 있다. 코로나19 이후 테니스 인구는 매년 5만 명 이상 늘고 있으며 그 시장 규모도 3천억 원을 넘어설 정도로 성장하고 있다.

MZ 세대를 중심으로 한 테니스 산업의 성장 속에서 2022년 탄생한 스매시는 2024년 7월 현재 고유 방문자 수 2만 4천 명을 기록하고 있는데, 이는 개인 정보 노출 없이 구력, 나이, 선호 플레이 스타일 등에 따라 테니스 친구를 찾을 수 있는 매칭 기능의 영향이 큰 것으로 보인다. 복식 경기를 하려면 최소 4인의 플레이어가 필요한데, 함께 테니스 칠 친구를 찾아야 하는 경우 자신의 구력과 성향에 맞는 플레이어와 매칭되는 것이 중요하다는 인사이트를 잘 파고든 것이다. 이 밖에도 스매시에서는 테니스장 예약, 양도, 클럽 운영, 테니스 관련 대화를 나눌 수 있는 익명 커뮤니티 등의 기능을 이용할 수 있어 테니스 문화의 확산과 함께 지속적인 성장세를 보이고 있다.

▽

시장의 변화를 읽어라.

변화의 흐름에 따라 업의 흐름도 달라져야 한다.

흐르는 물길을 따라 앞서가는 배가 되라.

STAY
FOLIO

#스테이폴리오

자신이 좋아하는
특별한 것을 하라

특별함을 만드는 핵심 DNA를 장착하다

19

가끔 강원도 강릉에 갈 때마다 보헤미안이라는 커피 전문점에 들른다. 커피 맛이 뛰어나기도 하지만 지금도 손님을 위해 문을 직접 열어주고 손수 커피를 내려주는 박이추 선생의 모습에 반해서이다. 자신이 좋아하는 일을 묵묵히 즐기는 그분의 모습을 보는 것만으로도 행복하다. '덕업일치'의 산증인이다. '덕업일치', 즉 자신이 좋아하는 것을 비즈니스로 만드는 것은 행복한 일이다. 좋아하는 일을 하면 박이추 선생처럼 오랫동안 한가지 일을 할 수 있다는 장점이 있다. 그리고 자신의 제품이나 서비스에 대해 누구보다 해박한 지식을 갖게 되어 비즈니스의 문제나 위기를 잘 해결할 수도 있다. 무엇보다 상대방, 즉 고객이나 소비자에게도 그 마음이 전달되어 브랜드를 더욱 사랑하게 만드는 힘을 가지게 된다.

그래서 자신이 좋아하는 일을 비즈니스로 만드는 것은 성공하는 작은 브랜드가 되는 훌륭한 방법 중 하나이다. 하지만 좋아하는 일도 전문성과 차별성이라는 두 가지 조건에 의해 뒷받침되지 않으면 제대로 된 비즈니스로 자리 잡지 못할 가능성이 크다. 취미나 좋아하는 것을 비즈니스로 발전시키기 위해서는 전문적 지식이나 기술이 반드시 필요하다. 직장 생활을 그만두고 새로운 삶을 위해 자신이 좋아하는 것을 비즈니스로 시작하는 사람들이 늘어나면서 전문성이 결여되어 실패하는 사례들을 종종 보게 된다. 무언가를 좋아하면 더 잘할 수 있는 가능성이 커지는 것은 사실이지만, 좋아하는 것을 잘하는 것으로 착각해서는 안 된다.

분야에 따라서는 어느 정도의 전문성만으로도 충분히 비즈니스를 시작할 수 있기도 하다. 이때 문제가 되는 것이 차별성이다. 어느 정도의 전문성으로 가능하다는 것은 수많은 사람들이 같은 분야에 뛰어들 가능성이 크다는 뜻이기도 하다. 이런 경우에는 남과 구별되는 차별적 우위점이 반드시 존재해야 한다. 결론적으로 자신이 좋아하는 것을 브랜드로 만들기 위해서는 그것이 쉽게 따라 하기 어려운 전문적인 것이거나, 남과는 확연하게 차별화되는 것이어야 한다. 내가 사랑하는 일을 하되, 그것이 정말 특별한 것인지 생각해 봐야 한다. 다음의 두 사례를 참고해 보자.

좋아하는 것을 비즈니스로 만드는 대표적인 분야 중 하나가 식음료 카테고리이다. 좋아하는 것을 비즈니스로 만들 수 있는 장벽이 상대적으로 낮은 편이어서 경쟁이 치열할 수밖에 없다. 그렇기 때문에 차별적 우위점을 갖는 것이 중요하다. 좋아하는 것이 있다면 좋아하는 것에 그치지 말고 최대한 전문성을 확보해야 한다. 그리고 전문성을 바탕으로 차별화 포인트를 만들어야 한다.

'라멘'은 일본에서 가장 인기 있는 음식 중 하나이다. 일본 여행을 하다 보면 우리나라 분식집이나 중국집보다 더 자주 라멘집을 발견하게 된다. 그만큼 좋아하는 사람도 많고 만드는 사람 입장에서도 상대적으로 쉽게 시도할 수 있는 종목이기 때문일 것이다. 이는 역설적으로 차별화하기 힘든 음식이라는 뜻이기도 하다. 개인적으로도 일본 여행을 할 때마다 라멘을 먹어보지만, 항상 '라멘이 라멘이지.'라는 생각이 들었었다. 하지만 수많은 일본의 라멘집 중에서 미쉐린 빕구르망에 선정되는 곳들이 있는 것을 보면, 차별화의 요소가 있긴 있는 듯하다. 2024년 교토를 여행하면서 작정을 하고 유명하다는 라멘집을 찾아갔다. 몇 년 연속으로 미쉐린 빕구르망에 선정된 '이노이치 하나레'라는 식당이었다. 마치 미쉐린의 감정단이 된 듯한 태도로 라멘의 맛을 검증해 봤다. 달랐다. 일단 서비스의 방식이 기존의 라멘집에 비해 현대적이었다. 종업원들은 세련된 태도로 손님을 맞았고, 식당은 깔끔했다. 무엇보다 라멘의 맛이 달랐다. 그동안 맛봤던 라멘과 국물도 면발도 달랐다. 다녀온 뒤 자료를 찾아보니 만드는 방법이나 재료에서 차이가 났다. 저온에서 오래 추출한 해산물을 베이스로 국물을 만든다고 한다. 다른 라멘에 비해 진한 향을 느낄 수 있었던 것은 가고시마 이부스키산 고급 가쓰오부시인 혼카레부시를 0.01mm 정도로 갈아 넣기 때문이었다. 면도 홋카이도산 밀 두 종류를 섞어 만들기 때문에 라멘의 씹는 느낌이 확실히 달랐던 것이다. 누구나 만들 수 있다고 생각하는 것을 다르게 만드는 것이 얼마나 중요한 일인지 잘 보여주는 사례이다.

한 걸음 더 나아가, 좋아하는 것에 전문성을 더하면 자신만의 특별한 영역을 만들 수 있다. 미국 로스앤젤레스에 위치한 서전스튜디오Surgeon Studios가 그런 경우이다. 서전스튜디오는 인기 있는 모델의 스니커즈에 색다른 소재와 디자인을 더해 세상에서 하나밖에 없는 예술 작품을 만들어낸다. 이 스튜디오를 만든 도미닉 시암 브론Dominic Ciambrone은 스스로를 슈 서전shoe surgeon, 즉 신발을 수술하는 외과 의사라고 부른다. 그는 고등학생 시절에 자신만의 특별한 신발을 갖고 싶어 자신의 나이키 에어 조던을 개조한 이후로 신발 수리와 제조를 공부해 취미로 시작한 일을 비즈니스로 만들었다. 지금까지 그가 코스

툼 제작한 스니커즈 중 가장 비싼 것은 농구 선수 르브론 제임스의 3만 득점을 기념하여 제작한 '골드 르브론 15'로 1억 원이 넘는 가격에 팔렸다고 한다.

처음 이 글을 썼을 때의 주제는 '자신이 좋아하는 것을 하라.'였다. 브랜드나 기업의 성장을 위해 자신이 좋아하지도 않는 것을 기획하고 생산하는 패러다임에서 벗어나는 것이 작은 브랜드의 경쟁력을 높이는 방법이라는 취지로 글을 쓰기 시작했다. 이런 생각을 구체화하기 위해 자료를 찾다 보니 좋아한 것을 비즈니스로 만들었다가 성공한 사례보다 실패한 사례가 더 많이 눈에 들어왔다. 전문성을 기반으로 차별적 경쟁력을 확보하지 못한 채로 비즈니스를 시작한 것이 가장 큰 원인이라고 생각했다. 글을 고쳐 써야 했다.

좋아하는 것이 있다면 그것을 자신만의 특별한 것으로 만들어야 한다. 여기서 하나 짚고 넘어갈 것은 특별함의 정의이다. 대부분의 브랜드 운영자들은 자신의 제품이나 서비스가 특별하다고 생각한다. 힘든 과정을 거쳐 만들어낸 것이기 때문에 어쩌면 그 특별함은 당연할 수도 있다. 하지만 여기서 이야기하는 특별함은 그런 주관적 기준의 자기애가 아니다. 객관적으로 특별해야 한다. 소비자나 고객의 관점에서 판단해야 한다. 자신의 제품이나 서비스가 왜 특별한 것인지 한 문장으로 쓸 수 있어야 한다. 그리고 그 특별함을 만드는 핵심 DNA가 무엇인지 특정할 수 있어야 한다.

▽

좋아하는 일을 비즈니스로 만드는 것은 행복한 일이다.
하지만 비즈니스로 성공하고 싶다면
좋아하는 일을 특별하게 만들어야 한다.

자신을 새롭게 정의하라

생산자의 관점에서 소비자의 관점으로 잡이컨

20

#슈레디 #암앤해머 #아이리버 #삼진어묵

2008년 캐나다의 크래프트사는 판매가 주춤한 슈레디Shreddies
라는 시리얼의 판매 제고를 위해 광고 회사에 아이디어를 의뢰
했다. 소비자 조사에 의하면 제품의 품질에 문제가 있는 것은
아니었다. 브랜드에 새로움이 필요했다. 광고 회사에서 내놓은
아이디어는 정사각형의 슈레디 대신 '다이아몬드 슈레디'라는
신제품을 내자는 것이었다. 변화를 원하는 소비자를 위해 광고
회사는 같은 제품을 놓인 각도만 바꿔 다이아몬드 모양의 슈레
디를 출시했다(결국 똑같은 제품이 이름만 달라진 것이다). 심
지어 두 제품에 대한 소비자 맛 테스트까지 하고, 정사각형과
다이아몬드가 섞인 콤보 제품까지 출시한다. 농담 같은 캠페인
이었지만 캠페인 첫 달 슈레디의 매출은 18% 상승했고 그해 수
많은 광고상을 휩쓸었다.

슈레디의 사례는 제품에는 어떤 변화도 주지 않고 브랜드를
리뉴얼했던 극단적인 경우이지만, 기존 마케팅이나 광고에서
는 '리포지셔닝'이라는 방법을 통해 브랜드의 지표를 끌어올리

는 일을 해왔다. 똑같은 펩시콜라가 광고 캠페인을 통해 당시 신세대가 선택하는 콜라가 되었고, 원래 여성용 담배로 출시되었던 말보로가 카우보이 이미지를 활용해 마초 이미지를 갖게 되었던 것처럼. 리포지셔닝은 같은 제품이나 서비스에 대한 소비자의 인식을 커뮤니케이션을 통해 새롭게 바꾸는 작업인데, 소비 지능이 발달한 요즘은 잘 통하지 않는 방법이 되어가고 있다.

그렇다면 시장의 변화에 대응하기 위해 브랜드는 어떻게 변화해야 할까? 신기술을 개발하거나 신제품을 출시하는 것이 최선의 방법이겠지만, 시간과 자본이 투자되어야 하는 일이므로 특히 작은 브랜드에게는 쉽지 않은 일이다. 작은 브랜드는 가장 효율적인 방법을 통해 자신을 변화시켜야 한다. 가장 적은 움직임으로 자신을 새롭게 정의할 수 있는 방법을 찾아야 한다. 베이킹 소다라는 핵심 기술을 그대로 유지한 채 베이킹 소다의 세정력을 이용해 치약 브랜드로 자신을 새롭게 정의한 암앤해머Arm&Hammer가 그 고전적인 사례이다. 이러한 변화를 만들기 위해서는 두 개의 질문을 스스로에게 던져야 한다. '브랜드가 가지고 있는 핵심 DNA는 무엇인가?', '그 핵심 DNA를 이용해 자신의 브랜드를 무엇이라고 새롭게 정의할 것인가?'

MP3가 유행하던 시절, 아이리버iriver는 소니에 필적할 만한 대단한 브랜드였다. 음원 스트리밍 서비스가 없던 시절에 뛰어난 기술력과 디자인으로 국내 시장 MP3 점유율 70%, 세계 시장 점유율 25%까지 차지했던 아이리버는 아이튠즈와 결합한 아이팟이 나오면서 매출이 급격하게 감소하기 시작했다. 2007년 MP3의 기능까지 탑재한 아이폰을 비롯한 다양한 스마트폰이 등장하면서는 파산에 이를 정도의 위기를 맞게 된다. 이때 아이리버는 자신의 핵심 DNA가 무엇인지 돌아봤다. 그들은 그것을 '음질'이라고 판단했다. 자신의 정체성을 MP3 브랜드에서 '고음질' 브랜드로 새롭게 정의했다. 그 결과 탄생한 제품이 '아스텔앤컨'이라는 이동형 고음질 재생 기기이다. 아스텔앤컨은 고음질을 원하는 음악 마니아들 사이에서 큰 인기를 끌었다. 이런 재기의 과정을 거쳐 아이리버는 2014년 SK텔레콤에 인수되어 아스텔앤컨을 계속 생산했으며, 2024년 말 다른 기업에 매각되었다.

아이리버의 사례는 기술력을 가진 브랜드가 어떻게 자신을 새롭게 정의할 수 있는지 잘 보여준다. 기술력을 가진 기업이나 브랜드는 그 기술력 자체에만 집중하는 경우가 많다. 그러다 보면 자신이 처해 있는 상황에서 브랜드를 새롭게 정의할 수 있는 방법을 잘 보지 못한다. 보유하고 있는 기술을 생산자 중심의 시각이 아닌 사용자 중심의 시각으로 바라봐야 한다. 그러면 그 기술로 자신을 새롭게 변화시킬 수 있는 길이 보인다.

소비재 중에서 자신을 새롭게 정의한 대표적 사례가 삼진어묵이다. 반찬이나 꼬치로만 인식되던 어묵에 베이커리라는 개념을 더해 브랜드를 새롭게 탄생시켰다. 큰 브랜드는 큰 브랜드대로, 작은 브랜드는 작은 브랜드대로 수많은 브랜드가 치열하게 경쟁하는 어묵 시장에서 50년 이상 된 가업을 물려받은 3세는 위기 극복을 위해 온갖 노력을 해봤지만 별다른 성과를 내지 못했다. 그런 어려움을 겪는 과정 속에서 그가 깨달은 것은 생산자 관점이 아니라 소비자의 관점에서 브랜드를 다시 바라봐야 한다는 것이었다. 자신들이 늘 만들어오던 반찬용, 꼬치용 어묵의 형태를 그대로 유지한 채로 변화에 대응하는 것은 무리라는 것을 알게 되었다. 관점을 바꾸면서 어묵은 더 이상 반찬이 아니라 빵이나 디저트처럼 간식으로 즐길 수 있는 제품으로 새롭게 정의되었다. 그 결과 2011년 25억 원에 불과했던 매출이 2023년에는 856억 원 규모로 성장했다.

브랜드를 새롭게 정의하는 일의 핵심은 관점의 변화이다. 정사각형을 비틀어 다이아몬드로 바라본 슈레디도, 자신의 핵심 역량을 MP3 기술에서 고음질로 확대해서 파악한 아이리버도, 반찬 재료이던 어묵을 간식용 베이커리로 변화시킨 삼진어묵도 생산자 관점을 소비자 관점으로 바꾼 것이다. 시장이 변화한다는 것은 소비자가 바뀐다는 뜻이다. 바뀌고 있는 소비자의 눈으로 자신을 새롭게 정의해 보자.

▽

변화를 원한다면 관점부터 바꿔야 한다.
소비자의 입장이 되어 자신의 브랜드를 바라보라.
전혀 다른 길이 보일 것이다.

브랜드 공동체를 만들라

소비자와 함께 브랜드를 일구다

21

별처럼 많은 숫자의 브랜드가 경쟁하는 시장 중 하나가 화장품이다. 그런 시장에서 아주 짧은 시간에 빛나는 별이 된 브랜드가 있다. 글로시에Glossier의 이야기이다. 패션 잡지사의 패션 어시스턴트였던 에밀리 와이스Emiliy Weiss가 2014년 만든 화장품 브랜드인데, 2018년 〈포브스Forbes〉, 2019년 〈배너티 페어Vanity Fair〉에서 그녀와 글로시에의 성공에 대해 다루고 있는 것을 보면, 4~5년 사이에 뉴욕의 뷰티 업계에서 가장 주목받는 브랜드가 된 것으로 보인다. 전체 품목 수가 40여 개에 불과한 작은 브랜드가 뉴스의 중심이 된 것은 무엇 때문일까?

글로시에가 자신을 정의하는 문장, 'Pepole-powered beauty ecosystem' 속에 그 답이 있다. '사람들의 힘으로 움직이는 뷰티 생태계라'는 뜻이다. 글로시에의 성장 과정을 살펴보면 이 말의 의미를 이해하게 된다.

에밀리 와이스가 2010년 시작한 'Into the Gloss'라는 블로그가 글로시에의 출발점이다. 당시 패션 잡지 〈틴 보그Teen Vougue〉

의 패션 어시스턴트였던 에밀리는 자신이 만났던 패션 업계 거물들과의 인터뷰를 중심으로 블로그를 시작했는데, 빠른 시간에 방문자 숫자가 늘어 2012년 초 월 방문자가 20만 명을 넘었다. 수많은 패션, 뷰티 관련 블로그 사이에서 'Into the Gloss'가 관심을 받았던 이유는 뻔한 패션 스타들의 성공 스토리 대신 진짜 이야기를 다뤘기 때문이다. 에밀리는 그녀들의 집으로 들어가 선반 위에 놓인 그녀들의 뷰티 제품과 그것들을 어떻게 쓰는지에 대한 이야기를 들었다. 이에 대한 MZ 세대 여성들의 반응은 뜨거웠다. 이렇게 MZ 세대 여성들과 관계를 맺기 시작한 에밀리는 2014년 글로시에라는 브랜드로 네 가지의 기초 화장품을 시장에 선보인다.

제품 론칭 이후에도 글로시에는 다양한 콘텐츠로 MZ 세대 여성들과 교감하며 관계를 유지한다. 2024년 10월 현재, 글로시에 인스타그램 계정의 팔로어는 313만 명, 에밀리 와이스 개인 인스타그램 계정의 팔로어는 79만 명이다. 이 외에도 트위터, 유튜브, 핀터레스트 등을 통해 다양한 콘텐츠를 공유하고 있다. 이런 채널들을 통해 글로시에는 팔로어들과 지속적으로 쌍방향 커뮤니케이션을 하고 있다.

MZ 세대 여성들과의 이러한 교감이 가능한 것은 다양한 채널을 통한 콘텐츠의 공유 때문만은 아니다. 밀레니얼 세대가 공감할 수 있는 콘텐츠의 내용이 그 핵심이다. 글로시에의 인스타그램에 들어가 보면 주변에서 흔히 볼 수 있을 법한 꾸미지 않은 모습의 여성들을 쉽게 찾아볼 수 있다. 뷰티 인플루언서나 일반 소비자들의 자연스러운 모습이다. 글로시에의 슬로건은 'Skin first, makeup second'이다. 인위적이고 과도한 화장이 아니라 있는 그대로의 모습만으로 충분히 아름다울 수 있다는 브랜드의 정신에 젊은 여성들이 공감하는 것이다. 뉴욕을 비롯한 미국의 주요 도시에 문을 연 오프라인 매장의 운영 방식도 독특하다. 글로시에를 상징하는 연한 핑크색 점프슈트를 입은 점원들은 매장을 방문한 고객들에게 먼저 말을 걸지 않는다. 손님이 원하면 그때서야 다가가 제품에 대해 함께 이야기를 나누고, 구매를 원하면 그 자리에서 아이패드로 주문을 넣어준다. 고객은 매장에서 충분히 제품을 경험하고 즐긴 후, 나가는 길에 본인 이름으로 포장된 제품을 받아 가면 된다. 고객이라기보다 글로시에의 일부가 되어 시간을 보내는 것이다.

글로시에는 브랜드 정신에 동의하는 사람들과 함께 브랜드를 만들어가고 있다. 제품 개발에도 그들의 생각이나 의견을 반영한다. 그리고 유명 모델이나 배우가 아닌 실제로 글로시에를 좋아하고 사용하는 사람들의 모습과 이야기를 통해 제품의 특징이나 쓰임새를 전달한다. 글로시에에게 그들은 더 이상 소비자나 고객이 아니다. 그들은 글로시에라는 브랜드를 함께 만들어가는 '브랜드 공동체brand commune'이다.

이러한 사례는 글로시에 이외에도 많은 곳에서 발견된다. 우리에게 가장 익숙한 사례 중 하나가 BTS와 아미의 관계이다. 아미가 단순히 BTS의 팬클럽이 아니라는 사실은 이미 널리 알려져 있다. 아미는 초기부터 BTS를 함께 만들어온 BTS의 일부이다. BTS의 공연에 오는 아미는 티켓을 사는 구매자가 아니라, 그날의 콘서트를 함께 만드는 브랜드 공동체의 구성원이다.

유럽 최고의 수제 맥주 브랜드, 브루독BrewDog이 소비자와 관계를 맺는 방법도 비슷하다. 2007년 스코틀랜드에서 시작된 브루독은 2011년 크라우드 펀딩을 통해 9만 명의 소비자를 소액 주주로 받아들였다. 그리고 그들에게 브루독 바의 평생 할인권이나 한정판 맥주 선구매권 등의 혜택을 주고, 그들을 주주 총회에 초청하기까지 한다. 그들은 더 이상 브루독의 소비자가 아니라 브랜드를 함께 만드는 주체인 것이다.

글로시에, BTS, 브루독의 사례를 볼 때, 과연 소비자나 고객이라는 단어가 더 이상 유의미한 것인가라는 의문이 든다. 기존의 마케팅에서는 브랜드의 반대쪽에 존재하는 사람들을 소비자, 고객, 또는 타깃이라 부르며 일방적으로 메시지를 보내고, 공략의 대상으로 삼았다. 이제는 그들을 브랜드 공동체의 일원으로 만들어 함께 브랜드를 만들어가야 한다.

이런 변화의 중심에 소셜 미디어social media가 있다. 마케팅의 시대에는 브랜드가 제공하는 광고나 홍보를 통해 브랜드를 만났지만, 이제는 인스타그램이나 유튜브 등에서 브랜드를 먼저 만나 자발적으로 관계를 맺고 소통한다. 그런데 문제는 대부분의 브랜드가 티브이나 신문 등 기존의 미디어를 활용하는 방식으로 소셜 미디어를 사용하고 있다는 것이다. 단기간에 조회 수나 팔로어를 늘리는 것을 목표로 콘텐츠를 만들어 일방적으로 내보내고 있다. 소셜 미디어는 기존의 미디어와 근본적으로 성격이 다르다는 것을 알아야 한다. '소셜social'이란 단어 자체가 상호 관계성을 의미하고 있지 않은가? 브랜드가 콘텐츠로 소비자나 고객을 통제하거나 움직일 수 있다는 착각에서 벗어나야 한다. 브랜드로부터 날아오는 속이 훤히 들여다보이는 온라인 콘텐츠가 어떤 느낌을 주는지 뻔히 알면서도 대부분의 브랜드가 그런 관행을 바꾸지 못하고 있다.

브랜드 공동체를 만들기 위한 매개체로서 소셜 미디어를 현명하게 활용해야 한다. 이것은 브랜드와 사람들을 이어주는 매듭의 역할을 해야 하며, 모두 함께 모여 두런두런 이야기를 나누는 광장이 되어야 한다. 그렇게 되기 위해서 소셜 미디어는 마치 친구와 얼굴을 맞대고 앉아 함께 고민을 나누고 의견을 주고받는 것 같은 진정성 있는 대화의 채널이 되어야 한다.

이런 측면에서 볼 때 브랜드 공동체를 만들어 그들과 함께 브랜드를 만들어가는 일은 작은 브랜드에게 훨씬 적합한 일이다. 사람들을 브랜드의 반대쪽에 놓고 설득이나 판매의 대상으로 생각하는 일은 작은 브랜드에게 어울리지도 유리하지도 않은 일이다. 브랜드의 실제 지분을 공유하는 일은 쉽지 않겠지만, 그 가치와 정신을 함께 나누는 것은 얼마든지 가능하다. 주주가 회사를 버리고 떠나지 않듯이, 브랜드 가치를 공유하며 함께 브랜드를 만드는 사람들이 브랜드를 떠날 확률은 낮다. 브랜드는 '내'가 만드는 것이 아니라 '함께' 만드는 것이다.

▽

소비자는 브랜드의 반대편에 서 있는 존재가 아니다.
같은 곳을 바라보는 공동체이다.

192

30미터만 앞서가라

22

'매'를 품은 용자이다

1984년 우리나라 최초의 포장 두부가 출시되었다. 지금은 당연한 일이 되었지만, 동네 가게에서 판두부를 잘라 신문지에 싸주던 시절로서는 꽤 충격적인 사건이었다. 최초로 포장 두부를 소개한 풀무원이란 기업은 여러 면에서 앞서가는 기업이었다. 풀무원은 1976년 최초로 유기농을 시도한 농장이었고, 1981년 서울 압구정동에 최초로 농장 농산물의 직판장을 만들었다. 풀무원은 그들의 슬로건처럼 '바른 먹거리' 문화를 이끈 선구자 역할을 하며 우리나라 식품사에 한 획을 그었다.

2012년 서울 역삼동 근처를 걷다가 이상한 이름의 기름집을 발견했다. 쿠엔즈버킷Queens Bucket이라는 상호를 단 작은 규모의 참기름 공장 겸 매장이었다. 호기심에 문을 열고 들어간 나는 새로운 기름의 세상을 접하게 됐다.

쿠엔즈버킷은 저온 압착 방식으로 프리미엄 참기름과 들기름을 만든다. 참깨와 들깨를 저온에서 볶아내 유해 물질 발생을 최소화한다. 깨를 고온에서 볶으면 깨의 탄내가 고소한 맛을 낸다. 우리가 익히 알고 있는 참기름의 향이다. 그런데 이 과정에서 벤조피렌이라는 발암 물질이 발생할 수 있다. 깨를 저온으로 볶으면 깨가 가지고 있는 맛이 그대로 전달되기 때문에 좋은 원재료만을 써야만 한다. 그리고 불필요한 산패 과정을 없애기 위해 제약용 필터로 걸러 병에 넣는다. 이렇게 만들다 보니 가격이 비쌀 수밖에 없다. 일반 참기름 가격의 세 배가 넘는다.

2018년 18억 원의 매출을 기록한 쿠엔즈버킷은 식품 제조업으로는 드물게 유망한 스타트업으로 인정받아 2019년 20억 원 규모의 시리즈 A 투자를 유치했고, 2023년에는 35억 원의 매출을 기록하며 지속적으로 성장하고 있다. 현재는 동대문에 4층 규모의 오일팩토리로 자리를 옮겨 프리미엄 참기름과 들기름을 만들고 있다.

풀무원의 포장 두부는 소비자를 딱 한 발만큼 앞서간 시도였다. 1984년은 86아시안게임과 88올림픽을 앞두고 사회 전반에 걸쳐 선진화가 이루어지던 시기였다. '먹거리'란 단어가 등장했고 많이 생산하고 많이 먹는 것보다 좋은 것을 생산하고 제대로 소비하는 일의 중요성에 대한 여론이 막 형성되던 때였다. 쿠엔즈버킷이 창업한 2012년은 어떤 해였을까? 싸이의 '강남 스타일' 유튜브가 10억 뷰를 달성했고, 한국 축구는 런던올림픽에서 일본을 꺾고 동메달을 목에 걸었다. 그리고 대기업이 만든 식품에서 벤조피렌이 나와 떠들썩했던 해이기도 하다. 스포츠나 연예 분야만큼 식문화의 수준도 세계화되어야 한다는 사회적 공감대가 만들어지던 시기였다. 쿠엔즈버킷도 소비자를 한발 앞서갔기 때문에 새로운 시장을 만들 수 있었다.

2012년 만도에서 출시한 풋루스라는 아름다운 디자인의 전기 자전거가 있었다. 세계적인 자동차 부품 제조 회사인 만도의 기술력과 마크 샌더스의 디자인이 결합되어 탄생한 멋진 제품이었다. 그런데 비싼 가격도 문제였지만, '이 비싸고 아름다운 물건을 왜 사야 하지?'라는 질문에 대한 마땅한 답을 주지 못했다. 퍼스널 모빌리티의 세상이 올 것을 미리 내다보고 탄생한 브랜드였는데, 세상은 아직 퍼스널 모빌리티를 맞을 준비가 되어 있지 않았던 것이다. 최초의 공유 킥보드 서비스인 킥고잉이 첫선을 보인 것이 2018년이었던 것을 감안한다면, 같은 해에 단종된 풋루스는 소비자를 너무 앞서간 것이 실패의 원인 중 하나였다.

풀무원과 쿠엔즈버킷 모두 앞서가야 하는 때를 제대로 파악한 브랜드이다. 비즈니스의 세계에서 뒤처지는 것만큼 위험한 일이 너무 앞서가는 것이다. 풋루스처럼 시대를 너무 앞서가 꽃도 피워보지 못한 브랜드가 얼마나 많은가. 풀무원이나 쿠엔 즈버킷이 파악했던 '때'라는 것은 과연 언제일까?

우리에게 익숙한 거리 개념으로 환산해 말하자면 30미터이다. 장거리 달리기를 할 때 시선은 30미터 앞사람의 허리를 바라 보라고 이야기한다. 가장 편안한 자세로 달릴 수 있는 시선의 높이를 그렇게 설명한 것이다. 브랜드가 소비자를 앞서가야 하는 위치도 그래야 한다고 생각한다. 소비자가 편안한 시선으로 그 브랜드를 보고 따라갈 수 있어야 한다. 너무 멀면 따라갈 엄두가 나지 않는다.

그렇다면 브랜드와 소비자 사이의 '30미터'는 어떤 기준으로 판단하면 될까? 이에 대한 정답이나 왕도는 없다. 솔직히 이야기하면 경영자의 직관이 가장 중요한 역할을 한다. 하지만 직관에 따르는 결정도 최소한의 객관적 근거는 필요하다. 최소한의 객관적 근거는 시장이나 소비자의 움직임에서 찾아야 한다. '이때'가 소비자를 30미터쯤 앞서갈 수 있는 때라고 감지할 수 있는 시점에 대해 좀 더 설명해 보자.

혁신 수용 사이클을 인용해 설명하자면, 그 시점은 이노베이터와 초기 수용자 사이의 어디쯤이라고 할 수 있다. 이노베이터 그룹과 같은 시점이라면 실패할 확률이 높고, 초기 수용자의 등장에 때를 맞추면 늦게 된다. 그 사이의 어디쯤은 어디일까?

큰 변화가 생기기 전의 전조가 관찰되는 시점이다. 현재 시장에 대한 불만이나 문제점이 조금씩 드러나기 시작하는 것이 소비 시장에서의 전조이다. 또는 그보다 조금 더 앞서가자면, 현재의 시장이 포화상태에 이르러 무언가 변화가 필요하다는 움직임이 생기기 시작하는 시점이다.

앞서 시장에 나왔던 경쟁자들을 제치고 식당 예약 대표 브랜드로 성장한 캐치테이블이 이런 시점의 문제를 잘 설명한다. 캐치테이블은 단순한 맛집 소개나 웨이팅의 문제를 해결하는 것이 아니라 특별한 날에 가볼 만한 괜찮은 레스토랑을 예약하는 일의 문제를 해결해 주는 것으로 빠른 성장을 하고 있다. 캐치테이블이 론칭을 준비하던 시점은 사용자와 공급자 모두 예약 문화에 대한 갈증이 표면화하기 시작하던 즈음이었다. 상황에 적합한 새로운 식당을 찾고 싶은 고객의 니즈와 자신에게 잘 맞는 고객과 연결되는 것은 물론이고 고질적인 노쇼의 문제를 해결하고 싶었던 업주의 니즈를 제대로 파악했던 것이다.

이런 예약에 대한 문제를 해결하기 위해 B2B 네트워크를 우선 구축했던 것이 주효했다. 레스토랑 DB 확보를 통한 소비자 유입과, 소비자 유입을 통한 DB의 추가 확보라는 선순환 구조를 만들어 2020년 10월 론칭 이후 캐치테이블을 이용한 예약 수는 2,067% 증가했고, 월 방문자 수는 1,950% 늘어났다. 시장에서 감지되는 '예약 문화'의 전조를 제대로 파악해 뒤늦게 시장에 진입하고도 자신만의 경쟁력을 확보한 사례이다.

▽

'앞서간다'는 건 브랜드가 소비자를 리드한다는 뜻이 아니다.
'내가 원한 게 바로 저거였어!'라는 반응을 만들어내는 것이다.

뉴스를 만들라

광고가 뉴스가 되다

23

브랜드 인지도나 선호도를 높이기 위해 가장 필요한 것은 무엇일까? 일단은 돈이 있어야 한다. 아무리 좋은 전략이나 아이디어도 그것을 실행하기 위해서는 예산이 필요하다. 작은 브랜드의 딜레마는 큰 브랜드에 비해 인지도가 낮은데, 그것을 극복할 마케팅 예산도 적다는 것이다. 그런데 대부분의 작은 브랜드는 적은 예산을 큰 브랜드처럼 쓰고 싶어 한다. 티브이 광고는 물론이고 온라인의 다양한 채널들을 활용하기를 원한다. 그 어느 곳에도 제대로 쓰기 어렵다.

작은 브랜드는 하나의 핵심 아이디어에 집중해야 한다. 하나의 핵심 아이디어가 뉴스가 되도록 만들어야 한다. 그 뉴스가 미디어나 SNS를 통해 퍼져 나가도록 해야 한다. 남는 예산이 있다면 핵심 아이디어가 뉴스가 될 수 있도록 도와주는 일에 활용하면 된다. 이런 제안은 십중팔구 받아들여지지 않는다. 또는 받아들여졌다가도 수정에 수정을 거듭하며 흐지부지되기도 한다. 한 가지 아이디어에 예산을 집중하는 것이 불안한 것이다. 당연히 불안하다. 하지만 여기저기 예산을 조금씩 분배해서 쓰면 그 어느 곳에서도 효과를 기대하기 힘들다. 불안함 때문에 효과가 없는 일을 하면 안 된다.

2017년 뉴욕 월스트리트 증권가를 상징하는 황소상charging bull 앞에 작은 소녀상 하나가 만들어졌다. 당찬 표정과 자세로 황소와 마주 선 소녀상이 세워진 날은 세계여성의 날이었 다. 그 소녀상에게는 '겁 없는 소녀fearless girl'이라는 이름이 붙여졌다. 12주 만에 트위터에서 46억, 인스타그램에서는 7억 4,500만의 임프레션을 기록했다. 미국뿐 아니라 세계 여러 나라에서도 이 겁 없는 소녀를 뉴스로 다루었다.

이 소녀상은 누가 왜 세웠을까? 미국의 자산 운용사인 SSGA가 자신들이 운용하는 SHE fund를 홍보하기 위한 아이디어였다. SHE fund는 여성이 리더이거나 주요 경영진인 기업에 투자하는 펀드였다. 여성의 날에 세워진 겁 없는 소녀상은 뉴스가 되기에 충분했다. SSGA가 한 일은 소녀상을 제작해 황소 앞에 갖다 놓은 것이 전부였다. 최소한의 예산으로 뉴스를 만든 대표적인 사례이다.

뉴스를 만들면 이는 미디어와 SNS를 통해 빠른 속도로 확대 재생산된다. 광고비로 환산하기 어려운 효과가 만들어진다.

마케팅 예산이 제한적인 작은 브랜드가 쓸 수 있는 최고의 방법이다. 문제는 '어떻게 뉴스를 만들 것인가?'이다. 뉴스를 만드는 가장 좋은 방법은 제품이나 서비스 자체가 뉴스가 되는 것이다. 뒤집어 말하자면 뉴스가 될 만한 제품이나 서비스를 만드는 것이 작은 브랜드가 성공할 수 있는 최선의 방법이다. 제품이나 서비스가 뉴스가 되기 위해서는 무엇이 필요할까? 뉴스라는 단어는 new의 복수형이다. 새로움의 정도가 뉴스가 될 것인지 말 것인지를 결정한다. 새로움은 전에 없던 것, 생각하지 못했던 것이어야 한다.

문제는 이런 새로움은 쉽게 만들어지지 않을뿐더러 뉴스로서 가치가 있는 새로움도 때를 잘못 만나면 다른 뉴스에 가려져 빛을 보지 못하기도 한다. 그래서 '겁 없는 소녀'처럼 브랜드를 알리는 방법 자체가 뉴스가 되도록 하는 방법이 필요하다. 한국에 관한 국제적 관심을 끌기 위해 2005년 〈뉴욕타임스〉에 독도 광고를 실은 서경덕 교수의 사례도 이에 해당한다. 〈뉴욕타임스〉에 실린 독도 광고 자체가 뉴스가 되었다. 침대 브랜드인 시몬스가 다양한 즐길 거리가 있는 시몬스 테라스를 만든 것도 같은 맥락이다. 시몬스 테라스는 미디어에서 뉴스로 다뤄졌을 뿐 아니라 수많은 방문자들의 SNS를 통해 회자되고 있다. 이 외에도 많은 브랜드들이 팝업 매장을 만들거나 다른 브랜드와 협업을 함으로써 뉴스를 만들기 위해 애쓰고 있다.

　광고 자체를 뉴스로 만드는 것도 하나의 방법이 된다. 이는 제품이나 서비스에 더 이상 새로움을 주기 어려운 경우, 브랜드에 힘을 불어넣는 방편으로서는 효과를 발휘하기도 한다. 미국 최대의 스포츠 이벤트라고 할 수 있는 슈퍼볼은 광고의 경연장으로도 유명하다. 천문학적 광고비에도 불구하고 엄청난 시청률 때문에 많은 광고주들이 이날만을 위해 광고를 만든다. 이번 슈퍼볼에서 누가 어떤 광고를 만들었는가가 마케팅이나 광고업 종사자뿐만 아니라 시청자들에게도 게임 못지않은 관심사가 된다.

　2018년 슈퍼볼에서 압도적으로 관심을 받은 광고는 세탁세제인 타이드Tide의 'It's a Tide Ad'라는 광고였다. 얼룩을 깨끗이 지운다는 것 말고는 딱히 할 이야기가 없는 세제 광고가 왜 뉴스가 되었을까? 'It's a Tide Ad'는 다른 브랜드들의 슈퍼볼 광고를 그대로 따라 하면서 끝부분에 이 광고에 나온 옷들이 다 깨끗하다면 그것은 모두 타이드의 광고라고 이야기한다. 그해 슈퍼볼의 어떤 광고보다도 SNS에서 많이 회자되었고, 미국 내 뉴스나 각종 토크쇼의 소재가 되기도 했다. 광고가 뉴스가 된 것이다. (유튜브에서 'It's a Tide Ad'를 검색하면 바로 나온다.) 하지만 광고 자체를 뉴스로 만드는 일에 대해 가장 우려가 되는 부분은 광고만 뉴스가 되고 그것이 브랜드에 어떤 영향을 주는지는 확실치 않다는 것이다. 꽃을 가리키는 손가락만 보다 끝날 공산이 크기 때문이다. 게다가 작은 브랜드가 상대적으로 적은 광고 예산으로 뉴스가 될 만한 캠페인을 만드는 일은 쉽지 않다.

세상에 한 번 등장했던 뉴스는 더 이상 뉴스가 아니다. 뉴스가 된 캠페인을 따라 한다고 같은 효과를 거둘 수 있는 것은 아니다. 자신만의 뉴스를 만들 수 있는 방법을 찾아라.

▽

새롭지 않은 일을 뉴스로 만들기 위해 애쓰지 말라.
진정한 뉴스는 새로운 생각에서 출발한다.
새로운 생각을 하는 브랜드가 뉴스가 된다.

약점을 받아들여라

나의 문제를 감추지 않는다

24

2019년 말쯤 프로스펙스 경쟁 프레젠테이션에 참가할 기회가 생겼다. 감회가 새로웠다. 프로스펙스는 내가 광고인으로 첫발을 내딛었던 광고 회사의 중요 광고주였고, 오랜 시간이 흐른 후 내가 만든 회사의 광고주가 되어 다시 만난 브랜드였다. 세 번째 인연을 맺을 계기가 찾아온 것이다. 잘하면 나의 광고 인생을 프로스펙스와 함께 이어갈 수 있는 좋은 기회였다.

프로스펙스의 상황은 썩 좋지 않았다. 88올림픽을 계기로 리즈 시절을 보낸 프로스펙스는 주인이 몇 차례 바뀌는 시련을 겪으며 잊혀가는 브랜드가 되고 있었다. 이후 워킹화를 처음 선보이며 회생의 조짐을 보였지만 후속 전략의 부재로 여전히 힘든 시간을 보내고 있었다. 경쟁 프레젠테이션 이전의 최근 광고들은 다른 스포츠 브랜드들의 방식을 따르고 있었다. 프로스펙스로서는 효과를 보기 어려운 방법이었다.

이럴 때는 현실을 냉정하게 인식함으로써 일단 소비자와 인식의 높이를 맞추는 것이 필요하다고 판단했다. 위기에 빠진 브랜드나 열세에 있는 브랜드일수록 자신을 크게 보이고 싶어

211

한다. 하지만 소비자는 똑똑하다. 브랜드와 관련된 블로그나 기사 밑에 달린 댓글을 객관적으로 받아들여야 한다. 자신을 바라보는 냉정한 거울로 삼아야 한다.

답을 찾기 위해 고민하던 어느 날, 누군가 '이 말 좋은데요?' 하면서 댓글 하나를 보여줬다. 대한민국을 대표하던 스포츠 브랜드, 프로스펙스가 침체기를 벗어나 잘됐으면 좋겠다는 바람을 적은 글이었다. 이 지점에서부터 다시 시작해야 한다는 생각이 들었다. 그래야 소비자와 같은 선상에서 출발할 수 있다고 생각했다. 어느 소비자의 댓글 내용은 이런 카피로 정리되었다. '잘됐으면 좋겠어. 대한민국 오리지널.' 이 카피 한 줄로 나는 프로스펙스와 다시 일할 기회를 갖게 되었고, 프로스펙스를 기억 속에서 지워가던 소비자들을 불러 세워 '저 아직 여기 있어요. 잘해 볼게요.'라는 메시지를 전달하는 데 성공했다.

문제가 없는 사람이 없듯 문제가 없는 브랜드도 없다. 문제는 문제를 감추려는 태도이다. 사람들이 어리숙하고 서로 간의 소통이 더디던 시절에는 문제를 감추는 것이 어느 정도 가능했을지도 모른다. 하지만 요즘은 사람도 브랜드도 문제를 덮고 살기 어렵다. 빛의 속도로 정보를 공유하는 SNS가 사람들을 더 빠른 속도로 똑똑하게 만들고 있다. 이제는 오히려 솔직히

자신의 문제를 고백하는 편이 상대방의 마음을 여는 데 도움이
된다. 그런 브랜드는 적어도 상대방을 속이지는 않을 것이라
생각하기 때문이다.

자신의 실패를 인정함으로써 소비자와의 신뢰를 쌓은 마틸
다 베이 브루어리Matilda Bay Brewing Company의 사례를 살펴보자.
호주의 수제 맥주 양조사인 마틸다 베이 브루어리는 완벽한 맥
주를 만들겠다는 설립자 필 섹스턴의 브랜드 철학을 기반으로
심혈을 기울여 만든 '오리지널 에일'을 출시했는데, 초기 1년간
매출은 기대 이하였다. 이를 극복하기 위한 아이디어로 2023년
'리젝티드 에일Rejected Ale' 캠페인을 진행했다. 오리지널 에일
이라는 성공작을 만드는 과정에서 탈락했던 맥주 27종을 상품
화해 시장에 내놓았다. 이 캠페인을 통해 오리지널 에일의 완성
과정에서 실패했던 제품들의 수준이 어떠했는지를 과감하게
소비자들에게 노출한 것이다. 실패작의 품질을 경험하게 함으
로써 완성작에 대한 기대치를 높이려는 전략이었다. 이런 전략
은 주효했다. 캠페인 후 오리지널 에일의 판매량은 11배 증가
했고, 유통 채널 또한 17% 확대되었다. 실패를 감추지 않고 당
당하게 드러냄으로써 품질에 대한 자신감을 부각시킨 것이다.

솔직한 태도를 갖는 것은 사람에게도 브랜드에게도 도움이 된다. 하지만 진짜 문제는 그다음이다. '문제가 있는 건 알겠는데, 그래서?'라고 소비자가 되묻기 때문이다. 약점을 당당하게 활용한다는 것은 그다음 단계를 염두에 둔 전략이어야 한다. 마틸다 베이 브루어리의 경우에는 오리지널 에일이라는 결과물이 존재했기 때문에 실패를 구매 유도의 수단으로 활용한 것이었다. 하지만 프로스펙스의 사례는 이와 다르다. '나도 잘됐으면 좋겠다고 생각은 하는데 그래서?'라는 소비자의 질문에 대한 답이 있어야 한다. 현재 프로스펙스는 LG 트윈스 등 프로 스포츠 구단의 유니폼 공급, 2023년 이후 춘천 마라톤 후원, 2024년 패럴림픽 선수단복 지원 등의 활동을 통해 '대한민국 오리지널'의 위상을 되찾기 위한 노력을 다각도로 펼치고 있다.

스스로 2등이라 말한 에이비스 렌터카나 당신이 싫어하는 맛이라고 당당하게 이야기한 리스테린은 바로 그 뒤에 '2등이기 때문에 더 열심히 한다.'라는 반격과 '입속 세균을 많이 죽이는 성분 때문에 약 냄새가 난다.'라는 뒷받침이 있었기 때문에 힘을 발휘했던 것이다.

이와는 결이 좀 다르지만, 약점을 가장해서 강점을 부각시켰던 사례도 있다. 미니 초코바 매치매치바는 땅콩이 많이 들었다는 강점을 '못생겨도 맛은 좋아'라는 카피로, 써니텐은 음료에 10퍼센트 과즙이 들어 있다는 특징을 '흔들어주세요'라는 슬로건으로 전달함으로써 주목을 받았던 브랜드이다.

가지고 있는 특징이 약점인 동시에 강점이 되는 경우도 있다. 이런 경우 그 약점을 받아들일 수 없는 소비자층은 과감하게 포기해야 한다. 영국 문화권에서 주로 소비되는 스프레드, 마마이트Marmite는 그렇게 했다. 맥주 이스트의 부산물을 농축시켜 만든 이 스프레드는 매우 짜면서도 독특한 풍미를 갖고 있어 싫어하는 사람은 입에 대지도 않는다. 그들의 슬로건은 광고사에 길이 남을 만한 명작이다. 'Love it or Hate it.'

여러분의 브랜드를 돌아보라. 혹시 자신의 약점을 애써 외면하고 있지는 않은지. 남들은 다 알고 있는 것을 숨길 수 있다고 착각하고 있지는 않은지. 약점을 당당하게 받아들여라. 그것이 성공으로 가는 길을 막고 있는 장애물이라면 치워야 할 것이고, 제품이나 서비스의 특성을 만들기 위해 불가피하게 발생한 것이라면 당당하게 주장하면 된다.

▽

'나는 아무 문제도 없어.'는 자신감이 아니라

자격지심이다.

자존감 있는 브랜드는 이렇게 말한다

"문제를 이겨낼 만큼 난 충분히 괜찮아!"

#프로스펙스 #마마이트

폼 잡지 말라

25

#아우디 #프릴츠 #모베러웍스

몇 년 전 이야기이다. 아우디Audi의 슈퍼카 R8의 인쇄 광고를 만들어야 하는데, 좋은 아이디어가 도통 떠오르지 않았다. 성능이나 가치가 너무 잘 알려져 있는 차이기에 '빠른', '앞서가는', '차원이 다른'과 같이 뻔한 말로 눈에 띄는 광고를 만들기 어려웠다. 이럴 때는 힘을 빼야 한다. 더 멋지게 말하려고 할수록 고정 관념의 굴레에서 벗어나지 못한다. 그냥 멍하니 차의 사진을 바라봤다. 출발하기 직전 가슴 뛰는 엔진 음을 내며 그 역시 나를 바라보고 있었다. '으르르르르~' 떠오른 아이디어를 한 줄의 헤드라인으로 정리했다. 'RRRRRRRR!' 이 장난 같은 아이디어는 수억 원대 슈퍼카의 광고로 집행되었다.

운동을 할 때도 그렇지만, 아이디어를 낼 때도 힘을 빼야 한다. 그래야 힘이 제대로 실린다. 정작 실전에서는 잘되지 않는다. 특히 자신이 공들여 키운 제품이나 서비스에 대해서는 더욱 그렇게 된다. 대부분의 광고주들은 자신의 브랜드에 대해 가장 멋진 말을 가능한 한 많이 해주길 원한다. 메시지 송신자의 욕심일 뿐이다. 멋진 척을 할수록 수신자는 관심을 갖지 않는다. 가장 보편적인 사례 중 하나가 우리나라 지자체들의 슬로건이다. 2023년 새롭게 만들어진 서울시의 슬로건은 'Seoul, My Soul'이다. 짐작컨대 서울의 발음을 이용해 외국인들에게 서울의 이미지를 멋지게 전달하려는 의도인 듯하다. 서울이 자신의 영혼이라는 말에 공감하는 사람이 얼마나 될까? 슬로건을 만들고 의사 결정한 사람의 입장에서는 감탄할 만한 아이디어인지 몰라도, 듣는 사람에겐 영혼 없는 말잔치 아닐까? 자신이 얼마나 멋진지 이야기하고 싶어 하는 브랜드의 본성을 숨기지 못하고 탄생한 슬로건은 이 밖에도 셀 수 없을 정도로 많다.

요즘은 주례 없이 결혼식을 치르는 경우가 종종 있지만, 주례 선생님은 말 그대로 예식을 주도하는 사람이다. 그러다 보니 '주례 감동'이라는 웃지 못할 현상이 벌어진다. 아무도 귀담아듣지 않는 멋지지만 뻔한 말을 주례 선생님 혼자 감동하면서 길게 한다. 결혼하는 딸을 위해 못 부르는 노래를 열심히 연습해 불러주는 아버지의 모습을 얼마 전 유튜브에서 본 적이 있다. 이보다 더 귀한 축복과 감동이 있을까 싶었다. 주례 감동의 브랜드가 될 것인지, 마음을 다해 노래하는 브랜드가 될 것인지, 그렇게 어려운 선택이 아니지 않은가?

수없이 많은 브랜드가 존재하는 커피 전문점 중 눈에 띄는 브랜드 몇이 있는데, 그중 하나가 프릳츠Fritz이다. 개인적으로 생각할 때 커피에 관한 한 최고 수준의 전문성과 철학을 가진 브랜드이다. 하지만 이들은 자신의 브랜드에 대해 진지하게 접근하지 않는다. '프릳츠'라는 브랜드 표기법도 장난스럽다. 이 브랜드의 상징인 물개를 볼 때마다 무슨 의미를 가진 것인지 궁금했다. 이름과 물개 디자인 모두 1960년대 다방의 문화를 보는 듯하다. 인터뷰를 찾아보니, 한글 폰트만으로는 너무 심심하니 뭐라도 하나 그려 넣자는 디자이너의 주장에, 사장님은 "그럼 아무거나 넣어라. 물개라도 상관없다."고 했단다. 디자이너는 진짜로 물개를 그려 넣었다. 겉으로 보이는 것은 이렇게 '그냥' 했지만, 브랜딩을 위한 내부의 노력은 전혀 다르다. 브랜드가 가야 할 길을 함께 브랜드를 만들어가는 사람들과 공유하고 실천하기 위해 노력한다. 브랜드가 지향하는 것에 대해 같은 생각을 가지는 것이 얼마나 중요한지 잘 아는 것이다. 이렇게 내부에서 탄탄하게 브랜드를 만들어가는 브랜드의 매장에 들어가 보면 느낌이 다르다. 매장에서 판매하는 커피나 빵도, 매장의 레이아웃도, 일하는 사람도 하나하나 모두 브랜드 그 자체이다.

브랜드는 멋진 말로 만들어지는 것이 아니다. 실체가 그래야 한다. 말로 폼 잡는 것처럼 공허한 일이 없다. 제품이나 서비스가 뛰어나다고 해서 소비자 위에 서서 내가 얼마나 잘났는지 알아달라고 하는 일처럼 꼴불견도 없다. 요즘 소비자들은 브랜드의 속을 훤히 들여다보는 내공 정도는 다 갖추고 있다.

'모베러웍스'라는 재미있는 이름의 디자인 브랜드가 있다. 영어의 More Better Works를 소리 나는 대로 표기한 이름이다. 매번 다른 테마로 굿즈를 만든다. 그 첫 번째 프로젝트였던 A.S.A.P.가 이들이 일하는 방식을 잘 보여준다. 이들이 이야기하는 A.S.A.P.는 As Soon As Possible이 아니라 As Slow As Possible의 약자이다. 이들의 특징은 비즈니스를 진지하게 대하지 않는다는 것이다. 위트와 느슨한 협업이 이 브랜드의 운영 방식이다. 그런 결과물 중 하나가 누룽지를 '밥 플레이크'로 재미있게 해석한 오뚜기와의 컬레버레이션 에디션이다. 이들은 자신들이 일하는 과정을 공유하는 유튜브 채널 '모티비 MoTV'를 운영하고 있는데 구독자의 숫자가 7만 명이 넘는다. 힘을 빼고 즐기듯이 일하는 것이 어떤 것인지 잘 보여주는 브랜드이다.

프릳츠도 모베러웍스도 기존의 브랜드 문법에서 완전히 벗어난 브랜드이다. 하지만 어떤 브랜드보다도 브랜드의 핵심 가치에 충실하게 움직이며 내실을 채워간다. 폼 잡지 않는다는 것은 허술하게 일한다는 뜻이 아니다. 브랜드가 가져야 할 태도에 관한 것이다. 치열하게 브랜드를 만드는 일은 내부의 몫일 뿐 그것을 겉으로 드러내지 않고 쿨내 나게 행동해야 한다. 그런 사람, 그런 브랜드가 점점 매력적으로 받아들여지는 세상이다. 혹시 당신의 브랜드는 거꾸로 하고 있는 것은 아닌지?

▽

브랜드 '허장성세'의 시대는 저물었다.
'외유내강'할 줄 아는 브랜드가 사랑받는다.

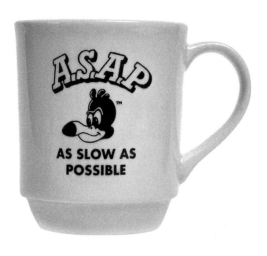

좋은 이름은 지렛대다

이름은 가늠대

26

#투핸즈투자자문 #삼호요리어묵

브랜드에 관한 일을 하다 보니 가끔씩 지인들이 찾아와 재능 기부를 강요하기도 한다. 흔한 부탁 중 하나가 '이름 하나' 지어 달란 것이다. 말이 이름 하나지 이게 보통 일이 아니어서 아무 부탁이나 선뜻 들어주지는 못한다. 꽤 오래전 자신의 투자자문 회사를 시작하게 된 대학 동창이 찾아와 '이름 하나'를 부탁했다. 친하게 지낸 친구이기도 하고 이전에 나도 신세를 진 일이 있어 '이름 하나'를 만들어줬다.

당시만 하더라도 개인 투자 자문 회사들이 생기기 시작하던 초기라, 가장 중요한 것은 투자자와 자문 회사가 윈윈 하는 투자 철학을 가지고 있다는 것을 보여주는 것이라 생각했다. 실제로 '이름 하나'를 부탁한 친구도 뛰어난 판단력과 출중한 실력을 가진 전문가였다. 투자자와 자문 회사가 서로 손잡고 잘 성장하라고 투핸즈Two Hands라는 이름을 지어줬다. 십수 년이 지난 지금까지 그 이름으로 회사를 잘 운영하고 있다. 같은 이름의 꽤 괜찮은 호주산 와인이 있는 것을 알고는 고객들에게 투핸즈 와인을 선물한단다.

브랜드를 만들려 하는 사람들은 먼저 이름부터 짓는다. 그만큼 중요하다고 생각하는 것이다. 나를 찾아왔던 친구도 그렇게 생각했을 것이다. 그런데 정말 브랜드의 이름은 그만큼 중요한 것일까? 투핸즈투자자문의 예를 들어보자. 만약 그 회사 이름을 '영석 투자자문'이라고 했다면 뭐가 달라졌을까? 명함 디자인이 덜 세련되어 보일 수도 있고, 투핸즈 와인을 선물로 고를 이유도 없었을지 모른다. 하지만 투자자문 회사는 투자 결과로 승부하는 곳 아닌가? 그야말로 대세에 지장이 없었을지도 모른다. 하지만 투핸즈라는 이름은 투자에 관심을 가진 사람들에게는 이야깃거리를 제공하기도 하고, 좋은 결과를 얻은 투자자에게는 이 회사에 대해 더욱 호감을 갖게 하는 촉매제로 작용했을 수 있다.

이름은 혼자만으로 어떤 의미를 가질 수도, 어떤 역할을 할 수도 없는 보조 동사와 같은 것이다. 그 앞에 의미 있는 동사가 붙어야만 역할을 하는 보조 동사처럼 브랜드가 제대로 역할을 할 때에만 그 의미를 증폭시키는 지렛대의 역할을 한다. 지렛대만으로는 어떤 것도 할 수 없다. 지렛대는 들어 올릴 것이 있어야 그 쓰임새가 드러난다.

꽤 오래전 국내 대기업과 새로운 막걸리를 기획했던 적이 있다. 아주 괜찮은 맛의 막걸리를 찾아 몇 차례 시음한 후에 이런 이름을 지었다. '풍류를 아십니까?' 이름에 걸맞은 패키지도 디자인하고, 풍류를 주제로 한 론칭 플랜도 세웠다. 그런데 몇 가지 이유로 막걸리 프로젝트는 없던 일이 되었다. 태어나지 못한 브랜드에게 이름이 무슨 소용인가?

반대로 이런 일도 있었다. 고급화된 제품을 위해 새로운 이름을 원하는 어묵 브랜드가 있었다. 몇 차례 제품을 먹어보니 이 정도면 훌륭한 요리가 되겠다는 생각이 들어, 원래 이름에 '요리'라는 단어만 덧붙였다. '삼호어묵'이 '삼호요리어묵'이라는 이름으로 간단하게 업그레이드되었다.

제품이나 서비스의 내용이 썩 훌륭하지 못함에도 불구하고 이름이라도 잘 지으면 도움이 되지 않을까 해서 애써 이름을 지은 경우도 꽤 되는데, 단 한 번도 성공한 적이 없다(고 확신한다). 제품이 세상에 나와야 이름이 의미를 갖는 것이고, 제품이 괜찮으면 별 뜻 없는 이름도 도움이 된다. 실체는 별로인데 이름만 번지르르한 경우 이름은 무용지물이다. 오히려 브랜드에 대한 부정적 인식을 더하는 마이너스 지렛대의 역할을 할 수도 있다.

그럼에도 불구하고 좋은 이름을 갖는 것은 일단 좋은 지렛대 하나를 확보하는 일이다. 그렇다면 좋은 이름은 어떻게 만들 수 있는가? 무엇보다 이름은 '나 이런 사람 (브랜드)이다.'라고 말해야 한다. 새로운 카테고리를 만드는 경우라면 업을 대표할 수 있는 이름을 가지는 것이 유리하다. 햇반, 딤채, 배달의민족 등이 대표적인 사례이다. 업을 대표하는 이름을 짓기 어렵다면 그 카테고리 내에서 브랜드가 지향하는 가치나 자신만의 특징을 전달하는 것도 방법이 된다. 새 기름으로 닭 60마리만 조리한다는 의미를 명확하게 전달하는 '60계치킨'이나 쉬운 금융 거래를 연상할 수 있는 '토스'가 그 사례이다.

그렇다고 해서 너무 구체적이거나 직관적일 필요는 없다. 오히려 브랜드가 움직일 수 있는 폭을 제한하는 결과를 낳을 수도 있다. 마산을 중심으로 한 영남 지역에서 주로 팔리는 '좋은데이'라는 소주가 있다. 지역성과 소주가 주는 감성적 가치를 쉽고 직관적으로 표현한 이름이다. 그런데 이 이름이 판매에 결정적인 걸림돌이 되었다. 소주는 장례식장에서 빠질 수 없는 주류인데, '좋은데이'라니…. 결국 장례식장에 납품되는 소주는 레이블에 이름을 뒤집어 붙이는 것으로 해결했는데, 이것이 오히려 세간의 화제가 되기도 했다.

다른 하나의 조건을 들라면 나는 주저하지 않고 '차별화'를 꼽을 것이다. 브랜드 이름은 같은 카테고리 안의 브랜드들과만 경쟁하는 것이 아니다. 수없이 많은 다른 카테고리의 브랜드 이름들과도 경쟁해야 한다. 일단 달라야 눈에 띈다. 그리고 브랜드가 성공하면 차별화된 이름으로 인한 부가적 상승효과를 기대할 수도 있다.

관건은 차별화의 방법이다. 별 뜻 없는 차별화는 얼마든지 가능하다. 잠시 주목과 관심을 끌 수는 있을지 몰라도 가치 있는 브랜드로 느껴지게 만들기는 어렵다. 내가 생각하는 가장 좋은 차별화는 '작명법의 차별화'이다. 1980년대 초반까지 빵집들의 상호는 뉴욕제과, 불란서제과, 고려당, 태극당, 성심당처럼 ○○제과나 ○○당과 같은 이름이 주류를 이뤘다. 1982년 서초동에는 '김영모 과자점'이라는, 1986년 동부이촌동에는 '주재근 베이커리'라는 새로운 작명법의 빵집이 생겨났다. 이름만으로도 빠른 시간 안에 소비자 사이에서 화제가 되었다. 빠른 시간 안에 엄청나게 성장한 패션 쇼핑몰 '스타일난다'는 같은 업계뿐만 아니라 20대 여성 소비자를 대상으로 한 브랜드들 중에서 단연 차별화되는 네이밍이었다. 하지만 차별화가 모두 성공하는 것은 아니다. '제주도의 푸른밤'은 소주로서는 꽤 파격적인 이름이었는데 이름만큼 주목받지 못한 제품이었다

클라이언트로부터 '좋은 이름, 멋진 이름'을 만들어달라는 의미 없는 가이드라인을 받는 경우가 종종 있다. 그런 경우에는 브랜드가 어떤 모습으로 성장하고 발전해 가기를 원하는지 되묻는데, 되돌아오는 답도 방향성이 명확하지 않은 경우가 대부분이다. 아이를 낳아 기르는 부모가 아이의 미래를 정해 놓고 거기에 맞춰 이름을 짓는 것은 쉽지 않지만, 브랜드는 그렇게 해야 한다. 성장 철학이 없이 브랜드를 키우겠다는 것은 무책임한 태도이다.

가장 좋은 이름은 그 브랜드를 만든 사람으로부터 나올 가능성이 크다. 브랜드를 만든 사람이 그 브랜드의 정체성을 가장 잘 알고 있을 뿐 아니라, 그 브랜드에 대해 가장 많이 생각해 본 사람이기 때문이다. 그렇기 때문에 지렛대 역할을 하는 이름을 만드는 일도 작은 브랜드만의 장점이 될 확률이 높다. 이런 장점을 놔두고 여전히 전문가에게 '좋은 이름, 멋진 이름'을 의뢰하는 작은 브랜드를 보면 안타깝다.

▽

사람이 성공하면 이름을 빛내지만,

이름이 성공해서 사람을 빛내는 법은 없다.

브랜드 실체와 이름과의 관계도 다르지 않다.

한 번에 한 수씩

장기 플래닝은 흥미진진인 것일까

27

바둑은 흑과 백이 한 번씩 돌을 놓으며 겨루는 경기이다. 상대방의 응수에 따라 다음 수가 결정된다. 바둑을 어떻게 끌고 갈 것인가에 대한 큰 그림은 그릴 수 있지만, 첫 수에서부터 마지막 수까지 어디에 둘 것인지 미리 결정해 두는 것은 아무 의미가 없다.

소비자의 반응은 시시각각 변하고, 경쟁사의 대응 역시 이전에 비해 경우의 수가 늘어나고 있다. 이런 변화 속에서 한 해의 마케팅이나 커뮤니케이션 계획을 월별로 세워 차근차근 순서대로 진행하는 것은 효율적인 일일까? 특히 제한된 예산으로 여러 가지 일을 감당해야 하는 작은 브랜드가 연간 계획을 세우고 그것을 그대로 지키는 일은 효과가 있는 일일까? 세상은 바둑판처럼 돌아가고 있는데, 자신이 정해 놓은 순서대로 바둑돌을 놓는 일은 너무 고지식한 대응 아닐까?

그렇다면 작은 브랜드는 어떻게 해야 할까? 마케팅 예산을 수립하고 집행하는 근본적인 이유에 대해 생각해 보자. 무슨 일에 얼마를 쓰든 그것은 브랜드의 성공을 위한 행위여야 한다. 우리는 때론 목적을 잊고 수단에 집착하는 경우가 종종 있다. 마케팅 예산을 쓰는 데 있어서는 그런 경향이 뚜렷하게 나타난다. 브랜드의 마케팅 담당자는 연간 예산을 각 활동에 따라 분배한다. 그리고 각 활동별 도달 목표를 정한다. 그것을 달성하면 브랜드 담당자는 자신의 목표를 달성했다고 생각한다. 목표는 달성했을 수 있지만 목적한 바를 이룬 것은 아닐 수 있다. 브랜드의 진정한 성공을 위해 예산이 쓰였는가에 대한 답은 아닐 수 있다는 얘기다. 케이블 티브이 GRP_{Gross Rating Point}(종합 시청률) 목표 달성이 브랜드의 성공을 향해 가는 중요한 과정이라 생각한다. 정말 그럴까?

구체적인 예를 들어보자. A라는 수제 맥주 브랜드는 연간 5억 원의 마케팅 예산을 가지고 있다. 담당자는 5억 원의 예산 확보를 위해 연말이면 그 돈을 어디에 쓸 것인지 구체적으로 계획을 세워서 승인을 받는다. 그 예산의 용도는 보통 이전 해의 집행 내역을 기준으로 정한다. 2030 여성으로까지 판매를 늘리는 것이 내년의 새로운 목표이므로, 여성 시청률이 높은 케이블 티브이 채널 몇 곳에 광고를 하기로 했다. 그리고 기존에 운영해 오던 인스타그램, 페이스북을 지속적으로 활용하되 콘텐츠 제작 비용을 늘려 구독자나 조회 수를 늘려갈 계획을 세웠다. 거기에 더해서 여름 성수기에는 몇 곳의 핫 플레이스에서 시음 행사를 해볼 생각이다. 5억 원의 예산이 빡빡하다. 광고 제작비에 1.5억 원, 3개월간의 케이블 티브이 매체비로 1.8 억 원, SNS 운영을 위해 1억 원, 이벤트 예산은 5천만 원, 인쇄물 제작을 위해 2천만 원을 배분했다. 그리고 각 예산별 도달 목표를 세우고 이를 집행하기 위한 광고 대행사 및 온라인 대행사를 선발했다. 각 활동별 목표치는 그럭저럭 달성하고 있지만, 매출에는 큰 변화가 없다. 특히 기대했던 2030 여성 타깃으로부터는 큰 반응이 없다. 무엇이 문제일까?

다음 해에는 5억 원의 예산을 이렇게 쓰자고 제안했다. 일단 2030 여성 타깃에게 새롭게 다가가기 위한 전략이 타당한지, 그런 새로운 시도를 위해서는 어떤 변화가 필요한지 점검할 것을 권했다. 그를 위한 컨설팅에 5천만 원을 쓰기로 했다. 한 달 뒤 컨설팅 회사로부터 이런 결과를 듣게 된다. 새로운 타깃을 대상으로 FGDFocus Group Discussion를 실시한 결과, 제품의 맛은 문제가 없어 제품 수용도는 괜찮은 편인데, 패키지 디자인에 대한 낮은 호감도가 장애 요인으로 작용하고 있다는 사실을 발견했다. 이에 따라 패키지 디자인을 바꾸기 위해 5천만 원을 투자했다.

　몇 차례의 수정 후 최종 디자인을 확정하고 석 달 후 새로운 디자인의 제품이 나왔다. 새로운 디자인을 강조하기 위한 콘텐츠를 제작해서 연관성이 있는 유튜브 콘텐츠의 앞부분에 프리롤 광고를 한 달간 집중적으로 집행했다. 이를 위해 총 1억 원의 예산을 사용했다. 목표로 했던 2030 여성 타깃으로부터 반응이 오기 시작했다. 매출도 조금씩 늘기 시작했고, 무엇보다 긍정적인 현상은 새롭게 제작한 콘텐츠에 대해 재미있는 댓글들이 달리기 시작한 것이었다. 이런 반응을 지속적인 상승세로 만들기 위한 후속 전략을 고민했다. 비슷한 타깃을 갖고 있는 의류 브랜드와 협업을 하기로 했다. 이 협업을 위해 총 1억 원의 예산을 투입했다. 협업은 나름대로 성공적이었다. 이를 이어가기 위해 그 의류 브랜드와 공동으로 마이크로 사이트를 운영하기로 하고 각각 5천만 원을 부담하기로 했다. 마이크로사이트 역시 반응이 괜찮았다. 다음 계획은 시장에서의 변화를 좀 더 관찰하면서 세우기로 했다. 총 3억 5천만 원의 예산을 활용해 나름대로 만족스러운 결과를 얻게 됐다. 남은 기간 동안 1억 5천만 원을 어디에 쓸 것인지 결정하면 된다.

　어느 브랜드의 사례일까? 가상의 사례이다. 이런 방식으로 예산을 집행하는 브랜드는 거의 찾아볼 수가 없기 때문에 작은 브랜드라면 이렇게 예산을 쓰면 좋겠다는 상상을 바탕으로 시나리오를 써본 것이다. 위의 시나리오에 문제가 없는 것은 아니다. 새로운 디자인이 필요하다는 결정이 옳았다고 하더라도 새로운 디자인이 성공적이리라는 보장은 없다. 그리고 새로운 디자인이 성공적이었다 하더라도 의류 브랜드와의 협업이 잘 될지도 확실치 않다. 세상에 확실한 것이 있다면 전략이 왜 필요하겠는가? 이 시나리오에서 이야기하고자 하는 핵심은 일단 가장 중요한 첫 수를 둔 후 그 반응을 보고 그다음 스텝을 결정하라는 것이다. 새로운 디자인에 대한 반응이 별로였다면 왜 그런지 파악해서 다음 조치를 하는 데 예산을 쓰면 된다. 다른 브랜드와의 협업이 성공하지 못했다면 그 원인이 무엇이었는지 알아내 새로운 캠페인 아이디어를 내면 된다.

물론 많은 브랜드가 변화 없이 계획을 그대로 밀고 나가지는 않는다. 캠페인 중간에도 수없이 많은 수정을 한다. 티브이 시청률이 잘 나오지 않으면 프로그램이나 채널을 바꾼다. 배너 광고의 클릭 숫자가 목표치에 미치지 못하면 끊임없이 메시지를 바꾼다. 이벤트 기획이 효율적인지 고민하고 행사 당일까지도 디테일을 바꾸고 또 바꾼다. 모든 일이 여의치 않으면 광고 회사를 바꾼다. 수단의 변화에 집착한다. 정말 바꿔야 하는 것

241

은 예산을 집행하는 방법, 한 걸음 더 나아가면 브랜드를 성공시켜 가는 방법이다.

3대째 내려오는 귤 농장을 물려받아 차근차근 브랜드로 만들어가고 있는 사례가 있다. '귤메달'이라는 브랜드 이야기이다. 귤메달의 대표는 2021년부터 2023년까지 단계를 나누어 사업 확장 계획을 세웠다. 처음에는 과일 유통으로 시작해 기반을 다진 후 다음 해에는 귤을 이용한 착즙 주스 등의 가공식품을 만들어 팔기 시작했다. 그런 다음에는 오뚜기, 현대백화점 등과의 협업을 통해 오프라인 팝업 스토어를 열어 외연을 확장해 나갔다. 어느 정도 자리를 잡아가면서 처음 한 일은 제품이나 산지 중심의 이미지를 고객 중심의 이미지로 전환하는 리브랜딩 작업이었다. 이렇게 한 번에 한 수씩 앞으로 나가고 있는 귤메달은 연 매출 30억 원 규모로 성장하고 있다.

▽

변화무쌍한 시대에 장기 플랜은 오히려 걸림돌이 된다.
해야 할 일의 우선순위를 정하고 하나씩 해결하라.
그 결과를 보고 다음 수를 두어라.

엔드 픽처를 그려라

28

미지의 끝과 끝, 성장형이 이가 될 결정들

세상 모든 일은 의사 결정의 연속이다. 지금 일어날까, 조금 더 잘까, 무슨 옷을 입을까, 오늘 회의에서는 무슨 말을 할 것인가, 상대방의 적대적인 반응에 어떻게 대처할 것인가, 점심 메뉴는 무엇으로 할까 등등. 브랜드와 관련된 일은 말할 나위도 없다. 수천 개의 의사 결정이 합쳐져 브랜드의 이미지와 가치를 만들어낸다. 좋은 의사 결정의 비율이 높을수록 브랜드의 이미지는 호의적으로 변하고 가치는 높아진다. 다시 말하자면, 좋은 브랜드를 만든다는 것은 좋은 의사 결정의 비율을 높이는 것을 의미한다.

좋은 의사 결정을 하기 위해서 무엇이 필요할까? 일단은 판단의 근거가 될 재료가 있어야 한다. 판단의 근거가 될 재료란 무엇일까? 흔히 기획서의 앞부분에 들어가는 상황 분석이 그 기본 재료가 될 것이다. 사회, 문화, 경제 등에 관한 주요 사항 분석, 브랜드가 속한 업계에 대한 분석, 경쟁 브랜드에 대한 분석, 소비자에 대한 분석 등이다. 그것들을 근거로 필요한 결정을 한다. 문제는 수많은 자료들 중에 어떤 것이 의사 결정의 근거가 될 것인지 결정하는 것이 쉽지 않다는 것이다. 의사 결정을 위해 또 다른 의사 결정을 해야 한다. 이보다 더 중요한 문제는 근거 자료의 대부분이 과거를 이야기하고 있다는 것. 과거에 일어났던, 또는 현재 일어나고 있는 일들을 기반으로 미래에 일어날 일에 대한 의사 결정을 하는 것은 쉬운 일이 아니다. 상황 분석 자료가 가지고 있는 핵심적인 한계는 미래를 위한 어떠한 인사이트도 겉으로 드러나 있지 않다는 것이다.

재료는 재료일 뿐이다. 이것은 좋은 식재료를 준비했다고 해서 요리를 끝냈다고 말할 수 없는 것과 같다. 요리는 결국 재료들을 어떤 방법과 비율로 조리할 것인가를 요리사가 결정함으로써 완성된다. 브랜드에 대한 의사 결정도 똑같다. 모은 자료 중에 어떤 것이 어떤 비중, 어떤 의미를 가지는가 판단하는 것이 의사 결정자의 역할이다.

좋은 의사 결정을 위해 가장 중요한 것은 의사 결정자의 판단력이다. 요리로 따지자면 요리 실력이다. 똑같은 재료도 실력에 따라 전혀 다른 맛이 된다. 그 차이를 만드는 근본적인 힘은 무엇일까? 물론 경험과 노하우가 필요하다. 하지만 그보다 더 중요한 차이점은 상상력이다. 뛰어난 요리사는 어떤 생각으로 재료를 고르고 조리 방법을 결정할까? 그것은 머릿속에 자신이 그리는 요리의 '마지막 모습'에 따라 결정된다. 브랜드에 관한 의사 결정도 그래야 한다. 나는 이것을 엔드 픽처End Picture라고 부른다. 의사 결정자의 머릿속에는 이 사진 한 장이 있어야 한다.

조사와 자료에만 의존하는 의사 결정은 뻔한 길로 가기 쉽다. 숫자는 누구에게나 똑같은 숫자이고 현상은 누구에게나 똑같이 보인다. 그것들을 산술적으로 더하고 곱해 봐야 크게 다른 일이 생기지 않는다. 의사 결정자는 자신의 결정이 만들게 될 '마지막 장면'을 상상할 수 있어야 한다. 그리고 그 장면에 맞춰서 필요한 자료들을 엮어서 추리할 수 있어야 한다. 이것은 탐정이 머릿속에 용의자를 그려놓고 증거들의 퍼즐을 맞춰보는 것과도 비슷하다. '마지막 장면'을 그릴 수 있는 상상력이 의사 결정자의 중요한 덕목 중 하나이다.

해찬들 고추장의 광고를 맡았을 때의 일이다. 태양초 고추장의 품질이 뛰어나고 '맛있게 맵다.'는 호의적인 인식이 형성되어 있음에도 불구하고 판매는 크게 늘고 있지 않았다. 그 문제를 해결해야 했다. 조사 자료를 들여다봐도 내가 알고 있던 사실을 확인하는 것 이외에는 큰 인사이트를 찾을 수 없었다. 미로를 헤매고 있던 어느 날, 카피라이터 한 명이 "나 요리하는 여자야! 어때요? 김혜수를 모델로 쓰는 거지요."라며 다소 엉뚱한 아이디어를 냈다. 당시 〈타짜〉라는 영화에서 김혜수가 "나 이대 나온 여자야!"라고 했던 장면이 화제였던 터라 그것을 패러디하자는 아이디어였다. 머릿속에 이런 그림이 그려졌다. 세련된 모습의 젊은 주부가 잘 꾸며진 주방에서 고추장을 이용해서 파스타와 바비큐 립을 만들며 "몰랐지? 나 요리하는 여자야!"라고 말하는 장면이 떠올랐다. 그런 '마지막 장면'을 상상하며 조사 자료들을 다시 들여다봤다. 그 장면을 뒷받침할 수 있는 수치와 주부들의 목소리가 보였다. 그런 상상력을 그대로 광고에 옮겼다. 고추장의 다양한 용도를 제시한 이 캠페인으로 해찬들 고추장의 매출은 늘어났고, 경쟁 브랜드 대비 브랜드 이미지가 젊어져 젊은 층의 선호도가 올라가게 되었다.

서울대학교의 기술 지주 자회사인 '밥스누BobSNU'에서 만든 '약콩두유'의 컨설팅을 맡은 적이 있다. 인지도는 낮았지만 좋은 재료와 뛰어난 기술로 잘 만든 제품이었다. 하지만 인공적으로 당분을 첨가하지 않아 입이 썩 반기지 않는 맛이라는 문제를 해결해야 했다. 역시 조사 자료에서는 별다른 인사이트를 찾기 어려웠다. 회의 도중에 누군가 정말 좋은 엄마란 어떤 사람인가에 대해 이야기하기 시작했다. 그러다 이야기는 집에서 아이들에게 라면을 먹이는 엄마에 대한 토론으로 이어졌고, 그런 이야기 끝에 가족들의 건강을 진심으로 생각하는 엄마의 모습이 '마지막 장면'으로 떠올랐다. 그런 엄마라면 입에 좋은 것보다 몸에 좋은 것을 선택할 확률이 높을 것이라는 가정을 가지고 각종 자료들을 다시 훑어보았다. '몸'과 '생각'이라는 핵심 단어를 찾아내 '몸 생각 약콩두유'란 슬로건을 만들었다. 그리고 웹툰 〈나는 엄마다〉의 작가 순두부와 협업을 통해 '나는 몸 생각하는 엄마다'라는 캠페인을 기획했다. 아쉽게도 캠페인은 끝을 보지 못하고 끝났지만, 약콩두유가 가야 할 길을 잘 제시했던 기획이었다.

작은 브랜드는 큰 브랜드에 비해 조직이나 인력 면에서 열세일 수밖에 없다. 하지만 의사 결정자가 발휘할 수 있는 상상력의 크기는 브랜드의 크기와 상관이 없다. 오히려 큰 조직 내에서는 상상력의 범위가 제한될 수밖에 없다. 브랜드에 대한 의사 결정은 상상력 싸움이다. 조사 결과에 나오는 숫자만 바라보지 말고 상상력을 발휘하자. 숫자가 가진 의미가 보일 것이다.

▽

주어진 레시피대로 요리하는 것은 기술이다.

거기에 상상력을 더하는 것은 예술의 영역이다.

상상력이 예술적인 의사 결정을 가능하게 한다.

지도 있으십니까

세계적인 크렌드 프리미엄

29

일본 가가와현에 속해 있는 나오시마는 예술 작품으로 가득한 섬이다. 안도 다다오의 건축물과 이우환, 구사마 야오이, 제임스 터렐 등 세계적인 작가들의 작품이 섬 곳곳을 채우고 있다. 10여 년 전쯤 이 섬을 방문했을 때 가장 인상 깊었던 곳 중 하나는 미나미데라였다. 한 치 앞도 보이지 않는 칠흑 같은 실내를 안내자의 설명과 앞사람의 인기척만을 따라 움직여 객석에 앉은 후 20분 정도 지나면 빛의 예술가 제임스 터렐의 작품이 서서히 눈에 들어오기 시작한다. 신기한 경험이었지만 앞으로 어떤 일이 벌어질지 모른 상태에서 안으로 걸어 들어갈 때의 가벼운 두려움은 아직도 기억에 생생하다.

이런 일은 운동이나 새로운 취미를 배울 때도 종종 일어난다. 초보자를 가르치는 선생님이나 코치는 이런 동작을 왜 하는 것인지, 그래서 종국에 이 동작이 무엇을 이루기 위한 것인지를 먼저 설명하면 좋은데, 무조건 "이렇게 하세요."라고만 하면 따라 하는 초보자는 어둠 속을 걷는 느낌을 받는다 브랜드의 세계에서도 이와 비슷한 일은 심심치 않게 일어난다. 브랜드를 이끌고 가는 리더는 함께 브랜드를 키우는 사람들과 브랜드가 가야 할 목표 지점을 공유해야 하는데, 이런 과정 없이 어떻게 한 걸음을 내딛으라는 식의 지시만 하는 경우가 종종 있다. 리더 자신도 브랜드가 어디로 가야 할지 모르는 경우는 정말 문제가 심각하다. 마치 한 무리의 등반 대원을 이끌고 길을 떠나면서 어느 산에 오를지 자신도 정확히 알지 못하는 것과 같다. 어떤 경우는 오를 산을 끊임없이 바꾸기도 한다. 이런 일은 특히 큰 브랜드보다는 작은 브랜드에서 더 많이 발견된다. 작은 브랜드를 이끌고 있는 리더들은 어려운 조건을 극복하고 자수성가한 경우가 많다. 그렇다 보니 체계적으로 브랜드의 로드맵을 만들거나 브랜드의 비전 등에 대해 깊은 생각을 할 기회가 많지 않다. 하지만 이런 리더들과도 오랜 시간 이야기를 나누다 보면 그들의 머릿속에 있는 가야 할 길을 발견하게 된다. 그것을 모두가 알아볼 수 있는 지도로 체계적으로 만들지 못했을 뿐이다.

자신의 브랜드가 가야 할 길의 지도가 없다면 지금이라도 만들어야 한다. 자칫하면 이 이야기를 27절에서 언급한 '한 번에 한 수씩'의 내용과 배치되는 것이라 생각할 수 있다. 하지만 그렇지 않다. 목적지까지 가는 과정에서의 전술이나 방법론은 상황의 변화나 소비자의 반응에 따라 유연하게 바꿔나가야 한다는 뜻이지, 지도가 없어도 된다는 말은 절대 아니다.

브랜드의 지도를 만들기 위해 가장 먼저 하는 일은 브랜드를 함께 만들어가는 다양한 사람들의 이야기를 듣는 것이다. 브랜드를 둘러싼 여러 가지 상황에 대해 분석한 후, 브랜드가 가야 할 몇 가지 길을 가정해서 이에 맞는 질문 리스트를 만든다. 이 리스트를 기본으로 최고 의사 결정자, 담당 임원, 실무자, 고객, 어떤 경우에는 경쟁사의 브랜드 담당자와 인터뷰를 진행한다. 비슷한 방향의 이야기가 나오는 경우도 있지만, 동상이몽의 사례가 빈번히 일어난다. 서로 다른 이야기도 잘 들여다보면 한두 가지의 공통분모가 있다. 거기에 다른 환경적 요인들을 더해 대략적인 브랜드의 비전과 이를 이루기 위한 중요한 가치들을 찾아낸다. 지도의 밑그림이 만들어지는 것이다. '어느 코스, 어떤 방식으로 어떤 산에 오르자'라는 식의 대전제를 만드는 작업이다. 그 밑그림에 대한 주요 관계자들의 동의가 이루어지면 단계별 달성 목표나 그 목표 달성을 위해 해야 하는 과제 등 다소 구체적인 그림을 채워 넣는다. 그리고 그것을 어떻게 내부 고객들과 공유할 것인가에 대한 계획도 함께 세운다.

2024년, 이런 과정을 거쳐 한 브랜드의 지도를 만들었다. DGB에서 IM으로 사명을 변경한 IM금융그룹의 브랜드 슬로건 컨설팅을 진행했다. 이 작업은 기존의 브랜드 컨설팅과 성격이 좀 달랐다. 2022년 이미 DGB금융그룹에 대한 브랜드 컨설팅 작업을 진행해 브랜드의 DNA나 슬로건 등을 제안한 바가 있기 때문에, 지방 은행에서 시중 은행으로의 전환을 계기로 변경된 사명을 위해 기존의 컨설팅 내용에서 무엇을 바꾸고 무엇을 유지해야 하는가에 대해 고민해야 했다.

브랜드 전략을 담당하는 부서와의 미팅을 시작으로 지난 컨설팅 때 인터뷰를 진행했던 내부 직원들의 생각과 의견을 다시 들었다. 그리고 좀 더 많은 직원들의 의견 수렴을 위해 간단한 설문 조사도 진행했다. 조사와 인터뷰 내용을 바탕으로 2차 자료들을 다른 각도에서 검토했다. 이 과정을 통해 다음과 같은 가이드라인을 설정할 수 있었다. 사명 변경 이외에 크게 달라진 것이 없기 때문에 지난 브랜딩 작업에서 결정된 방향은 그대로 유지하기로 했다. 하지만 금융 환경의 변화와 이제 시중 은행으로서 타 지역에서 대형 금융 브랜드와 경쟁해야 하는 상황 등을 고려해 볼 때, 좀 더 젊고 자기 주도적이며, 지속적 성장을 추구하기 위해 노력하는 타깃과의 접점을 찾기로 했다. 이를 기준으로 브랜드 슬로건을 변경하기로 했다. 기존 브랜드를 위해 설정해 놓은 'Go Beyond'라는 방향성을 유지하면서 거기에 상상력이라는 새로운 세포를 이식하기로 결정했다. 이런 과정을 거쳐 'Imagine More'라는 새로운 브랜드 슬로건이 탄생했다. (쉽게 짐작되는 것처럼 이 슬로건은 IM이라는 새로운 사명의 앞 글자를 딴 것이다. 여러 이유로 추천할 만한 방법은 아니지만 새로운 사명의 빠른 인지도 확보에 대한 요구를 수용해 결정한 방법이었다.) 이렇게 가야 할 목적지를 새롭게 정의하고 난 후, 가장 먼저 한 일은 조직의 분위기를 'Imagine More'에 맞게 바꾸는 내부 캠페인이었다. 상상력을 자극하는 퀴즈 이벤트 캠페인을 기획했다. 생각보다 많은 직원들이 이 이벤트에 관심을 가지고 참여했다. 새로운 지도를 손에 쥐고 새롭게 방향을 튼 목적지를 향해 첫발을 내딛고 있다.

▽

어디로 향하는지 알고 걷는 것과
모르고 걷는 것의 차이는 엄청나다.
구성원들의 열정을 탓하기 전에
제대로 된 지도 한 장을 주었는지 돌아보라.

어울리는 옷을 입어라

성장한 실체에 걸맞은 옷으로

30

#에넥스 #하이트 #크래프터

수년 전쯤 광고를 맡기고 싶다는 중견 기업을 방문했다. 부엌용 가구와 다양한 인테리어 자재를 제조, 판매하는 회사였다. 기업의 규모도 알고 있던 것보다 컸지만, 전시되어 있는 제품의 디자인이 예상을 뛰어넘는 수준이었다. 다양한 제품이 전시되어 있는 대형 쇼룸을 둘러보면서, 브랜드 인지도만 높이면 단기간에 브랜드의 가치를 높일 수도 있겠다 생각했다. 하지만 문제가 되겠다 싶은 것 하나가 눈에 들어왔다. 모든 제품에 붙어 있는, 그것도 아주 눈에 잘 띄는 자리에 크게 붙어 있는 브랜드 로고였다. 브랜드 자부심의 표현인 듯했다. 하지만 소비자의 시선으로 본다면 감점 요인이었다. 제품 디자인과는 어울리지 않는 옛날식 이름의 큰 로고가 디자인을 방해하고 있었다. 적어도 내 눈엔 그랬다. 브랜드 이름과 로고를 바꾸는 것이 필요해 보였다. 하지만 이는 오래된 관계에서도 먼저 말을 꺼내기 어려운 일이다. 그 브랜드와는 일을 하지 않게 되어 그런 고민을 더 이상 하지 않아도 되지만, 지금도 그 로고를 볼 때마다 왠지 실체에 비해 입고 있는 옷이 작아 보인다는 생각을 지울 수 없다.

한 가지를 깊게 파는 것은 작은 브랜드가 성장하는 좋은 방법이다. 하지만 한 가지를 깊게 판다는 것이 반드시 '머물러 있음'을 뜻하는 것은 아니다. 변화해야 할 것과 변하지 말아야 할 것을 잘 구분해야 한다. 노포에 가보면 대부분 모든 것이 30~40년 전과 똑같다. 음식의 맛은 물론이고 상호, 간판, 그릇 등의 각종 기물, 돈 받는 방법(어느 음식점은 아직도 선불을 고집한다.) 심지어 화장실까지 그대로이다. 기억 속의 맛을 찾아갔다가 1970~80년대에 머물러 있는 불친절과 위생 상태 때문에 실망하고 나온 경험이 다들 있을 것이다. 손님들은 예전의 맛을 찾아가는 것이지 1970~80년대 수준의 서비스나 위생을 체험하러 가는 것이 아니다. 시대의 흐름이나 소비자 인식의 변화에 발맞춰서 바꿔야 할 것은 바꿔야 한다.

제품이나 서비스의 본질은 깊어져야 한다. 하지만 그것을 포장하는 방법은 환경의 변화에 따라 달라져야 한다. 그래야 겉과 속이 잘 맞지 않아 생기는 인지 부조화를 최소화할 수 있다. 포장하는 방법이라 하면 브랜드의 이름, BI, 패키지나 제품의 디자인 등이 포함된다. 성장한 실체에 걸맞은 옷으로 갈아입어야 한다.

브랜드가 옷을 갈아입어야 하는 이유는 몇 가지 있다. 첫 번째, 소비자의 생각이나 시대 상황이 변화하기 때문이다. 브랜드의 본질은 그대로 유지해야 하지만 이런 변화에 맞춰 겉모습을 바꿔야 한다. 오래된 기업이나 브랜드의 로고를 자세히 보면 변화의 흔적을 발견할 수 있다. 어떤 계기를 맞아 전혀 다른 모습으로 바뀐 경우도 있지만, 소비자가 의식하지 못할 정도로 조금씩, 여러 번에 걸쳐 변화하기도 한다. 수십 년의 시간을 거치며 조금씩 바뀌어 온 스타벅스의 로고에는 이제 단순화된 세이렌의 모습만 남아 있다.

두 번째, 제품이나 서비스 자체가 새로운 모습으로 변화하거나, 변화를 필요로 할 때에도 브랜드 겉모습의 변화가 필요하다. 우리나라에 입식 주방 문화가 도입되던 1970년대에 탄생한 오리표 싱크대라는 브랜드가 있다. 변화하는 소비자의 인식과 그에 따른 제품의 진화가 필요하다고 판단한 오리표는 1992년 에넥스라는 전혀 새로운 브랜드로 다시 태어났다. 맥주 시장에서 만년 2위 브랜드였던 크라운 맥주가 지하 암반수로 만든 새로운 맥주를 선보이면서 하이트라는 브랜드로 개명한 것도 대표적인 성공 사례이다.

세 번째, 두 번째 이유에서 한 걸음 더 나아가 브랜드가 추구하는 업의 개념이 확장되는 경우에는 옷을 갈아입는 것이 더욱 중요하다. 대표적 사례 중 하나가 CJ이다. 이미 많은 사람들,

특히 젊은 소비자들에게는 잊혀가는 일이지만, CJ의 원래 이름은 제일제당이다. 이름에서 알 수 있듯 설탕을 만들던 기업이었다. 이 기업은 식품 분야에서의 확장은 물론이고 영화 등의 콘텐츠 제작과 다양한 서비스 분야로 외연을 넓혀가면서 옷을 갈아입은 케이스이다.

우리나라 많은 대기업이 여기에 해당된다. 선경은 학생복을 만들던 섬유 회사였다. 방대해진 기업의 규모와 세계화 추세에 맞추기 위해 SK라는 이름으로 바꾸었다. 코오롱의 원명은 한국(KO)나이론(LON)이었다. 치약을 만들던 럭키화학과 티브이를 만들던 금성전자가 합쳐지면서 럭키금성이 되었고, 럭키금성 역시 세계화를 위해 LG로 이름을 바꾸었다. 교보의 원래 이름은 대한교육보험이고, 한화의 본명은 한국화약이었다. 안 될 일은 아니지만, '한국화약 생명'이란 사명은 좀 이상하지 않은가?

이런 변화는 큰 기업이나 큰 브랜드에게만 필요한 것이 아니다. 옷을 제대로 갈아입고 성장한 작은 브랜드 중 크래프터 Crafter라는 브랜드가 있다. 세계적으로 품질을 인정받고 있는 우리나라 기타 브랜드이다. 이 브랜드의 원래 이름은 '성음成音'이었다. 1972년 네 명의 직원으로 시작한 이 회사는 초창기 국내 시장에 고품질의 클래식 기타를 선보이며 명성을 쌓아가기 시작, 1986년부터 외국에 수출하기 시작했다. 성음이라는 브랜드는 해외 시장 진출에 부담이 되는 이름이었다. 제품이 지향하는 장인 정신을 유지하면서, 외국 사람들도 부르기 쉬운 크래프터로 이름을 바꾸었다. 이러한 변화는 40개국에 수출하는, 연간 생산량 10만 대 규모의 브랜드로 성장하는 데 큰 도움을 주었을 것이다. 물론 악기의 본질이 뛰어났기에 가능한 일이다.

한 가지 덧붙이자면, 브랜드의 본질은 구시대에 머물러 있으면서 겉모습만 바꾸는 사례를 가끔 본다. 키가 크면 옷을 갈아입어야 하지만 옷을 갈아입는다고 키가 크는 것은 아니다.

▽

브랜드가 성장하게 되면 옷을 갈아입을 때가 온다.
이때 옷을 갈아입을 것인가 말 것인가,
어떤 옷으로 갈아입을 것인가를 결정하는 것이
브랜드 도약의 관건이다.

크래프터

시대가 원하는 목소리를 내라

선불린

31

단순하게 말하자면, 소비자의 마음이 브랜드 성장의 핵심 동력이다. 브랜드가 성장한다는 것은 더 많은 소비자로부터 마음을 얻거나, 소비자의 마음에서 더 큰 부분을 차지하는 것을 의미한다. 제품이나 서비스의 품질을 높이는 일도, 브랜드 이름을 바꾸는 것도, 패키지 디자인을 새롭게 바꾸는 것도, 그리고 광고를 만드는 것도 모두 소비자의 마음을 얻기 위해 하는 일이다. 하지만 브랜드가 어느 정도 성장하면 이런 것들만으로 소비자의 마음을 더 얻는 것이 힘들어진다. 성장의 임계점에 도달하는 때가 온다. 사람도 신체적 성장이 어느 정도 완성되면 내적 성장이 필요한 것처럼 브랜드도 그래야 한다. 어느 정도의 부와 지위를 얻게 되면 노블레스 오블리주를 실천해야 존경받을 수 있듯, 브랜드도 마찬가지다. 언제까지 키만 키울 수는 없는 노릇이다. 졸부 같은 브랜드가 되면 판매는 늘릴 수 있을지 몰라도 소비자의 진정한 마음을 얻기는 어렵다.

브랜드도 사회의 일원이다. 그렇기 때문에 어느 정도 성장하고 나면 사회의 일원으로서 역할을 해야 한다. 이것은 사회적 요구 사항이기도 하고 브랜드 입장에서는 소비자로부터 단순한 사랑을 넘어 존중을 받기 위한 필요조건이다. 사실 이 이야기는 그리 새로운 것이 아니다. 이미 많은 기업들이 CSRCorporate Social Responsibility(기업의 사회적 책임)이라는 이름으로 다양한 활동을 펼치고 있다. 자선, 기부, 환경 보호 등의 명목으로 기업들이 지출하고 있는 비용은 꾸준히 증가하고 있다. 문제는 CSR의 진정성이다. 기업에 대한 부정적 여론을 희석시키기 위해서나 지나친 이익을 취한다는 비판에 대한 방어 수단으로 이뤄지는 것이 많다. 심지어 자신들의 비즈니스와 관련된 단체 등을 후원함으로써 기업이나 브랜드의 이익을 늘리는 수단으로 사용하기도 한다.

기업이나 브랜드가 하는 이런 활동들에 공감하거나 감동을 받은 적이 얼마나 있는가? 상대방으로부터 진정한 마음을 얻기 위해서는 나부터 진정성을 가져야 한다. 사람 사이의 일과 다르지 않다. 기업이나 브랜드가 하는 활동은 궁극적으로 이익이나 성장의 극대화일 수밖에 없다. 하지만 그 목표에 도달하는 과정 자체가 사회에 선한 영향력을 끼쳐야 한다는 것이다. 이렇게 하기 위해서 기업이나 브랜드는 보다 장기적이고 거시적인 관점을 가져야 한다. 그리고 자신이 속한 사회가 원하는 목소리를 내야 한다. 즉, 당장 눈앞의 이익을 좇는 것이 아니라, 단기적으로는 이익을 보장받지 못하거나 부정적 요인이 잠재되어 있는 경우에도 사회가 진정으로 필요로 하는 목소리를 내고 그에 걸맞은 행동을 해야 하는 것이다.

세계적으로 영향력을 가진 어떤 인물보다 더 큰 영향력을 행사할 수 있는 나이키가 2019년 했던 캠페인이 좋은 사례이다. 'Dream Crazy'라는 타이틀의 이 캠페인은 'Just Do It' 30주년을 기념하여 기획된 캠페인이었다. 이 광고의 카피는 이렇게 말한다. 'Believe in something even if it means sacrificing everything. 그것이 모든 것을 희생시킨다 하더라도 그 일에 대한 믿음을 가져라.' 이 광고에는 수차례 계단에서 굴러 떨어지는 스케이트보더, 한 손이 없는 풋볼 선수, 히잡을 쓴 여자 선수 등을 보여주며 "누군가 당신이 미친 것을 꿈꾼다 하면서 웃더라도 그만두지 말라. 미친 것을 꿈꾼다고 하는 것은 당신에게 모욕이 아니라 칭찬이다."라는 메시지를 전달한다. 어찌 보면 그동안 나이키가 해왔던 캠페인과 결이 크게 다르지 않아 보인다. 문제는 이 메시지를 '누가 전달했는가'이다. 인종 차별에 반대해 화제가 되었던 미식축구 선수, 콜린 캐퍼닉Colin Kaepernik이 이 캠페인의 메신저였다. 경찰의 과잉 진압으로 흑인 차별이 사회적 이슈로 떠올랐던 2016년, 샌프란시스코 포티나이너스의 쿼터백이었던 캐퍼닉은 게임 시작 전 국가 제창을 거부하고 무릎을 꿇어 인종 차별에 대한 무언의 시위를 했다. 이후 캐퍼닉은 트럼프 대통령을 비롯한 보수주의 성향의 사람들로부터 곱지 않은 시선을 받게 되었고, 결국 다음 해 선수 생활을 그만두게 되었다.

이런 인물을 주인공으로 한 'Dream Crazy' 캠페인은 엄청난 반향을 일으켰다. 캠페인이 시작된 다음 날 캐퍼닉에 반대하는 사람들이 나이키를 불에 태우는 장면이 SNS에 올라오는가 하면, 트럼프 대통령도 자신의 트위터에 '나이키, 무슨 생각으로 이러는 거지?'라는 메시지를 올렸다. 나이키의 주가도 3.16% 급락했다. 하지만 머지않아 상황은 달라졌다. 캐퍼닉 그리고 나이키의 생각에 동의하는 사람들이 자신의 목소리를 내기 시작했다. 그리고 이런 상황은 뉴스와 SNS를 통해 전 세계에 퍼져 나갔다. 미디어를 통해 보도된 뉴스의 가치는 1억 6천만 달러 이상이었다. 이 캠페인 후 나이키의 브랜드 가치는 60억 달러 이상 상승했고 나이키의 주가도 급등했다. 매출은 31% 증가했다.

결과적으로 나이키는 상업적으로도 큰 성공을 거두었다. 'Dream Crazy' 캠페인이 치밀한 계산 끝에 기획된 것이라 하더라도 용기와 결단 없이는 불가능한 일이었다. 대단한 위험을 감수하며 시대가 필요로 하는 목소리를 낸 것이다. 한 시대를 살아가는 영향력 있는 사람이 해야 할 일을 한 것이다.

진정성을 가진 사람은 다른 사람의 눈치를 보거나 눈앞의 이해 관계에 연연하지 않는다. 사회의 일원으로 목소리를 낼 만큼 성장한 브랜드도 그래야 한다. 또한 영향력 있는 브랜드로 성장하고 싶은 브랜드도 그래야 한다. 당장의 불이익이나 불편한 관계가 걱정되는 것은 당연하다. 하지만 '지금, 내가 해야 할 일, 해야 할 말이 있다'면 Just Do It!

사족: 정치적 발언이나 종교적 신념은 시대가 원하는 목소리와는 결이 다르다. 설사 소신을 갖고 있더라도 브랜드를 위해서 참는 것이 좋다.

▽

'누군가 이런 목소리를 내어야 한다.'는
시대적 요청이 있고
그것이 나의 몫이라는 확신이 든다면 주저하지 말라.
목소리의 크기만큼 브랜드의 위상도 올라갈 것이다.

옳은 일을 하지 말라

32

옮긴이 박정화

'뭐 새로운 사업이 없을까?'라는 고민을 하던 독일 함부르크 출신의 두 청년, 미르코 볼프와 로렌츠 햄플은 황당한 발상을 한다. '콜라를 만들자!' 농담처럼 들리겠지만, 구글에서 콜라의 성분을 검색하는 것으로 그들의 사업은 시작되었다. 초기 자본금도 7천 유로에 불과했다. 재료를 찾기 위해 전국의 약방을 돌아다닌 끝에 2003년 170병의 프리츠콜라fritz-kola를 처음 생산한다.

코카콜라와 비교할 때 프리츠콜라는 외관상 두 가지 특징이 있다. 다양한 색상의 제품과 창업자 두 사람의 얼굴이 그려진 흑백 로고이다. 다양한 색상은 오렌지, 멜론, 사과 등의 성분을 넣어 각기 다른 맛을 만든 결과이고, 창업자의 얼굴을 로고로 쓴 것은 로고를 개발할 돈이 없었기 때문이다. (흑백으로 했던 것 역시 인쇄 비용을 줄이기 위해서였다). 기존의 콜라에 비해 성분상으로도 두 가지 특징이 있다, 무엇보다 카페인 함량이 아주 높다. 보통 콜라에는 100g당 10mg의 카페인이 들어 있는 반면, 프리츠콜라에는 25mg(레드불은 32mg)의 카페인이 들어 있다. 그들의 마케팅 슬로건은 'Vielviel Koffein 엄청나게 많은 카페인'이다. 또한 레몬을 주원료로 사용해 단맛을 줄이고 청량감을 높였다.

코카콜라와 펩시콜라라는 두 거인이 지배하는 시장에서, 이런 일을 벌였을 때 누구도 성공하리라 생각하지 못했을 것이다. 이들의 고국, 독일에서 프리츠콜라는 시장 점유율 41%를 차지하고 있는 코카콜라에 이어 콜라 시장의 34%를 차지하고 있다. 2019년 기준 코카콜라는 7,400만 병, 프리츠콜라는 7,100만 병을 판매했다. 펩시콜라의 판매는 33만 7천 병에 그쳤다. 프리츠콜라는 330ml 병 한 가지로만 판매된다. 그것도 바와 식당에서만 판다. 두 창업자의 흑백 얼굴이 새겨진 다양한 굿즈들도 인기를 얻고 있다.

이들은 코카콜라가 지배하는 세상에 용감한, 어찌 보면 무모한 도전을 했다. 그리고 그 도전은 성공했다. 프리츠콜라는 독일뿐만 아니라 오스트리아, 네덜란드, 폴란드 등 유럽 여러 나라로 수출되고 있다.

이와 좀 다른 사례이지만, 우리나라에도 국내 콜라 브랜드가 있다. '815 콜라'가 그것이다. 미국으로부터 콜라 원액을 받아 판매해 오던 범양식품이 1998년 출시한 브랜드이다. 코카콜라가 한국에 자체 보틀링 회사를 설립하는 과정에서 계약이 끝나자 범양식품은 자체적으로 콜라 브랜드를 만들어 출시했는데, 그것이 815 콜라이다. (출시할 때에는 이름에 ~콜라를 쓸 수 없는 제약 때문에 '콜라독립 815'였다.) 코카콜라와 비슷한 맛을 내는 데 성공해서 한때 13%가 넘는 시장 점유율을 기록하기도 했지만, 우여곡절을 겪은 후 815 콜라는 시장에서 존재감 없이 겨우 명맥을 이어가고 있다.

두 콜라의 접근 방법은 달랐으며 그 결과도 달랐다. 이유는 무엇일까? 세계적인 크리에이터 리 클라우Lee Clow의 말 속에서 그에 대한 답을 찾을 수 있다. 리 클라우는 맥킨토시의 '1984', 애플의 'Think Different'와 같은 광고를 만든 세계적인 크리에이티브 디렉터이다. 40여 년간 TBWA를 이끌다 2019년 은퇴한 그가 주장한 정신은 'Disruption'이다. 기존에 우리가 알고 있던 것, 옳다고 생각하던 것을 깨뜨리고 새로운 생각을 하라는 의미가 함축된 단어이다. 그의 은퇴를 기념하며 만든 'Disruption manifesto' 영상은 그의 생각을 압축적으로 잘 전달하고 있다. 내용의 일부를 살펴보면 다음과 같다.

"옳은 일을 하지 말라. 회의에서는 멋지게 들리고, 차트에서는 환상적으로 보이기 때문에 그렇게 하고 싶을 것이다. 옳은 일은 충분히 멋지다. 하지만 충분히 멋진 것으로는 충분하지 않다. (중략) 그렇다면 옳지 않은 일을 하라는 것인가? 물론 아니다. 용감한 일을 해라. 그것은 당신의 잠을 방해하고, 수백만 가지의 의문을 던진다. 잠시 우스워 보일지 몰라도 곧바로 천재적인 일이 된다. 그것이 당신이 해야 할 일이다. (후략)"

우리가 옳다고 생각하는 대부분의 것들은 '이미 존재하는 것'이다. 이미 존재하면서 그것이 작동한다는 것이 증명되었기 때문에 옳다고 생각하는 것이다. 하지만 옳은 생각은 복제되는 순간 효력을 잃기 시작한다. 시장에서 선발 주자와 몇몇 (대부분 하나의) 후발 주자만이 살아남는 이유가 바로 그것이다. 코카콜라와 백 퍼센트 똑같은 제품을 만들어도 그것이 성공할 가능성은 없다. 오리지널과 오리지널을 닮은 것 중 무엇을 선택할지는 너무 분명하지 않은가?

웃긴 농담은 되풀이되는 순간부터 재미를 상실한다. 생각 역시 그렇다. 우리는 익숙한 것을 옳다고 믿는 경향이 있다. 불편하지 않기 때문이다. 익숙함이란 이미 알고 있는 것이란 뜻이다. 그 익숙함을 반복하는 것은 우리의 잠을 방해하지 않고 수백만 가지의 의문을 던지지도 않는다. 그래서 우리는 큰 고민 없이 그 길을 선택한다. 그렇게 one of them이 되어버린다.

▽

익숙함에서 벗어나는 것은 어려운 일이다.

새로운 길을 향해 첫발을 내딛는

두려움을 극복해야 한다.

그래야만 누구도 가보지 않은 곳에 도달할 수 있다.

#프리츠콜라

재활이 필요한 브랜드라면

장점을 더 살려라

33

사람과 브랜드는 비슷한 점이 꽤 많다. 가장 대표적인 공통점은 생로병사의 과정을 거친다는 것이다. 잘나가던 브랜드도 환경의 변화, 경쟁 브랜드나 대체재의 등장 등으로 위기나 노후화를 겪을 수밖에 없다. 이때 어떻게 대처하느냐가 브랜드 수명 연장의 관건이 된다.

주변에서 일어나고 있는 변화에도 불구하고 '나의 브랜드는 언제나 옳다.'라는 근거 없는 자신감으로 실패하는 사례를 종종 본다. 병에 걸렸는데 병원에 가지 않는 꼴이다. 어떤 식이든 변화를 시도해야 한다. 브랜드도 치료와 재활이 필요하다. 변화를 시도하는 대부분의 브랜드는 환경과 소비자 취향의 변화, 경쟁 제품의 특성 등에 맞춰 제품이나 서비스의 속성을 바꾸는 방법을 선택한다. 이것은 브랜드를 다시 살리는 길이라기보다 되돌리기 어려운 길로 들어서는 선택이 될 가능성이 높다. 단점을 감추거나 보강하는 전략은 위험하다. 재활이 필요한 브랜드는 자신의 장점을 되살리는 전략을 선택해야 한다.

〈슈가맨〉이라는 티브이 프로그램이 있었다. 기억에서 멀어진 옛날 가수의 인기곡을 소환해서 소생시키는 내용으로 인기를 끌었다. 아마도 그 프로그램을 보던 사람들은 '아, 저 노래엔 저런 매력이 있었지…' 하면서 빠져들었을 것이다. 시장에서 어느 정도 성공했던 브랜드라면 분명 그 성공을 이끈 강력한 장점이 있다. 어떻게 그 장점을 시대와 소비자의 변화에 맞게 조율하고 다듬을 것인가를 고민해야 한다. 단점을 보강하는 것으로 문제를 해결하기 시작하면, 결국은 '내'가 아닌 '남'이 되어버린다. 정체성은 정체성대로, 시장은 시장대로 잃게 된다.

1937년에 출시된 '올드 스파이스Old Spice'라는 남성용 화장품 브랜드가 있다. 땀 냄새를 감추는 디오더런트와 스킨로션이 주요 제품이다. 사람들이 '아빠 냄새'라고 부르는 그런 향의 화장품이다. 한때 남자의 향으로 인식되던 이 화장품은 새로운 제품들이 등장하고 소비자의 취향이 달라지면서 별 특색 없는, 이름대로 올드한 브랜드가 되어갔다. 1990년 올드 스파이스를 인수한 P&G는 기울고 있는 이 범선을(올드 스파이스의 로고) 다시 순항시킬 아이디어를 찾기 시작했다. 그들은 이 제품의 기존 구매자였던 중년 남자 대신 스포츠에 관심을 가진 젊은 남성을 향해 새로운 메시지를 던지기로 했다. 그리고 제품의 주 구매층은 실제 사용자의 파트너인 여성이라는 점도 확인했다. 하지만 제품의 본질을 바꾸지는 않았다. 오히려 그것을 매력적으로 보이게 하는 방법을 찾았다. 2010년 미식축구 선수 출신의 배우 이사이아 무스타파Isaiah Mustafa를 모델로 'The Man Your Man Could Smell Like'라는 슬로건의 티브이 광고를 히트시킨다. 이런 향이 나는 남자가 진짜 남자라는 메시지를 던졌다. 이 캠페인은 기울어가던 브랜드의 지표들을 되살렸다. 이 광고의 유튜브 조회 수는 1억 뷰를 넘겼으며, 권위 있는 광고상인 칸 라이온을 수상하며 언드 미디어earned media에서 12억 임프레션을 기록했다. 당연히 매출은 상승했다. 이 캠페인은 이후 새로운 에피소드를 꾸준히 내놓으며 브랜드 재활의 성공적인 사례가 되었다.

미국의 팬케이크 프랜차이즈 레스토랑 '아이홉IHOP: International House Of Pancake'이 브랜드를 리뉴얼했던 스토리도 재미있다. 60년 이상의 역사를 가진 이 레스토랑은 미국인들이 아침 식사와 주말 브런치를 즐기기 위해 종종 들르는 곳이다. 팬케이크를 중심으로 한 비즈니스의 한계에 부딪힌 아이홉은 2018년 버거를 저녁 메뉴에 추가하기로 했다. '팬케이크'라는 절대적 아이덴티티를 해치지 않으면서 소비자들에게 이 사실을 알릴 방법이 필요했다. 아이홉의 광고 회사인 드로가5Droga5 는 재미있는 아이디어를 냈다. 갑자기 아이홉은 로고를 ihop에 서 ihob으로 바꾼다는 뉴스를 발표한다. 그러면서 'b는 무엇을 의미할까?'라는 퀴즈도 낸다. 온 가족의 주말 브런치 장소였던 아이홉이 이름을 바꾼다니 소비자들 사이에서 큰 화제가 될 수 밖에 없었다. 'ihop'에서 'p'가 'b'로 돌아가는 상호 변경 광고도 만들었다. 그런데 재미있는 것은 2주 후에 다시 상호를 'ihop'으 로 되돌린다고 선언을 한 것이다. 버거 메뉴 추가를 위한 노이 즈 마케팅이었던 것이다. 브랜드의 핵심 가치를 건드리지 않으 면서 버거를 추가하는 데 성공했다.

2008년 피자헛과 2021년 폭스바겐도 비슷한 시도를 했다. 피자헛은 파스타 메뉴를 홍보하기 위해 상호를 파스타헛으로 바꾸었다 다시 돌아왔고, 폭스바겐은 브랜드를 Volkswagen에 서 Voltswagen로 바꾼다는 뉴스를 내보냈다가 전기차 홍보를 위한 농담이었다고 수습하기도 했다. 아이홉의 사례와는 달리 성공적이지 않았다. 브랜드 이름을 살짝 비튼 노이즈 마케팅이 란 점에선 비슷했지만, 두 브랜드 모두 자신의 본질인, 피자와 폭스(volks는 국민이란 뜻이다.)를 훼손했기 때문이다. 게다가 그 본질에 대한 소비자 불만이 컸던 시기였기 때문에 긍정적인 반응을 받기 어려운 시도였다.

뛰어난 DNA를 갖고 있는 브랜드도 위기를 맞는다. 더 나은 경쟁자가 나오기도 하고, 소비자의 마음이 바뀌기도 한다. 그런 고비가 오지 않더라도 자연스러운 노후화를 겪는다. 그럴 때 브랜드 담당자는 겉으로 보이는 문제에 치중하는 대증적인 처방을 내리기 쉽다. 즉, 주요 구매층이 젊어지고 있어 문제를 겪고 있다면 브랜드의 본질과 상관없이 겉모습을 젊게 만들거나, 본질을 젊은 층의 입맛에 맞게 재포장한다. 실패할 가능성이 높은 방법이다. 선거 때만 되면 나이 지긋한 후보가 젊은 유권자에게 어필하기 위해 아이돌 음악에 맞춰 어색한 춤을 추거나, 어울리지 않는 스타일로 변신하는 모습을 뉴스에서 본다. 브랜드의 대증적 대응도 이와 비슷한 꼴이다.

경쟁 브랜드가 시장에서 인기를 얻으면 그 이유를 분석해 자신의 제품이나 서비스에도 적용한다. 경쟁 브랜드의 광고가 인기를 얻으면, 그와 비슷한 광고를 만들어달라는 요구를 하기도 한다. 내 브랜드의 본질은 무엇인지, 나의 브랜드가 여기까지 올 수 있었던 원동력은 무엇이었는지 잊지 말아야 한다. 그렇지 않으면 위기를 해결하려다가 정체성마저 잃는 돌이키기 어려운 잘못을 범하게 된다.

▽

위기를 극복하기 위해 브랜드의 본질을
포기해서는 안 된다.
본질을 다시 장점으로 만드는 방법을 찾아야 한다.

당신이 브랜드다

멈추지 마라, 그 시작이 당신이다

34

마게 # 뿌리깊은 나무

시간의 흐름에 따라 부침을 겪고 있긴 하지만, 와인은 꾸준히 사랑받는 제품군 중 하나이다. 개인적으로도 와인을 좋아하는데, 와인이 가진 매력 중 하나는 '같지 않음'이다. 수만 가지의 와인 중 같은 것은 단 하나도 없다. 같은 이름의 와인도 생산 연도에 따라 맛이 다르다. 심지어 같은 해, 같은 동네에서 같은 품종의 포도로 만든 와인도 맛이 다르다. 왜 그럴까?

일단 땅이 달라서 그렇다. 특히 프랑스의 부르고뉴 지역은 바로 붙어 있는 포도밭끼리도 토양의 성분이 다른 경우가 많다. 하지만 더 중요한 원인은 사람이다. 와인을 만드는 사람에 따라 달라진다. 기업화되지 않은 작은 규모의 양조장인 경우에는 특히 더 그렇다.

와이너리를 방문해 보면 흥미로운 현상을 발견할 수 있다. 와이너리의 주인과 그가 만든 와인의 맛 사이에 뭔지 모를 공통점이 있다. 주인의 철학과 노하우가 와인에 담기기 때문이다. 포도밭과 포도나무를 어떻게 관리할 것인가, 포도를 언제 수확하고 어떤 방법으로 발효시킬 것인가 등 수많은 의사 결정이 그에 의해 이루어진다. 그 결과 그가 원하는 맛의 와인이 탄생한다.

프랑스 샹파뉴 지역에서 샴페인을 주로 생산하는 마게Marguet라는 브랜드가 있다. 2016년 이 와이너리를 방문하고 나서 와인의 맛과 만드는 사람 사이의 상관관계에 대해 더욱 확신을 갖게 되었다. 이 와이너리에서는 트랙터 대신 말을 사용해 밭을 갈고, 제초제나 비료를 쓰지 않는 생명 역학Biodynamic 농법으로 포도를 재배한다. 그리고 이 와이너리의 주인은 선이나 명상과 같은 동양적인 철학의 신봉자이다. 그가 만든 샴페인에는 이런 것들이 녹아 들어가 그만의 맛을 낸다. 시음을 하기 위해 샴페인을 한 모금 머금고 그의 얼굴을 바라보며 생각했다. '둘이 참 닮았다.'

브랜드의 리더도 그래야 한다. 이 브랜드를 어떤 브랜드로 만들어가겠다는 명확한 철학이나 방향성을 갖고 있어야 한다. 브랜드의 리더는 배로 치면 선장이고, 탐험대로 치자면 대장이다. 목적지와 경로에 대한 정확한 계획과 신념이 있어야 한다. 물론 상황의 변화에 따라 목적지나 경로를 바꾸는 용기도 필요하다. 하지만 그것이 어제 다르고 오늘 달라서는 안 된다. 브랜드의 지도를 가지고 있어야 한다. 그 지도에 따라 선원이나 대원들이 수행해야 하는 각종 전략을 수립해 지시해야 한다. 그래야 각 분야를 맡고 있는 선원이나 대원들이 자신의 일을 사명감을 가지고 효율적으로 밀고 나갈 수 있다.

너무 당연한 일처럼 들리지만, 현실 세계에서는 반대로 일하는 브랜드 리더들을 만나기도 한다. 실무적인 디테일에 강하고 아이디어는 많은데 자신의 브랜드가 어떤 길로 가야 하는지에 대해서는 실무 팀이나 광고 회사가 답을 내주기를 바란다. 프로젝트를 시작하기 위해 이런 분들을 처음 만나면 요구 사항이 이러하다. '잘, 멋지게, 다른 브랜드와 다르게…' 브랜드가 어떤 길을 가야 하는지 고민해야 하는 것이 광고 회사나 실무 팀의 역할이라고 생각하는 것이다.

브랜드가 가야 할 길을 알고 있으면서도 전략이나 전술을 수립하고 실행하는 데 있어 지나치게 민주적인 리더도 있다. 화목한 조직 분위기를 위해서는 도움이 되지만 브랜드가 올바른 길을 가는 데에는 장애가 되기도 한다. 마치 선장이 내일은 어떤 항로를 시속 몇 노트의 속도로 항해할지 선원들의 의견을 일일이 물어 결정하는 것과 같다. 실무자나 구성원들의 의견에 귀를 기울이는 것은 중요하다. 의견을 듣는 것과 투표로 의사 결정을 하는 것은 전혀 다른 일이다. 좋은 브랜드를 만들기 위해서 브랜드 리더는 신념을 가지고 선의의 독재를 할 필요가 있다. 브랜드는 브랜드를 끌고 가는 '그 사람'이어야 한다. '로보트 태권브이'는 절대 알아서 움직이지 않는다. 조종석에 앉은 '훈이'의 뜻에 따라 동작한다. 브랜드와 브랜드 리더와의 관계가 그러해야 한다.

이것을 가장 잘 보여주었던 브랜드는 스티브 잡스 시대의 '애플'이다. 스티브 잡스가 애플이고, 애플이 스티브 잡스였다. 그런 면에서 보면, 우리나라에도 애플 못지않은 브랜드들이 꽤 있다.

『뿌리깊은 나무』라는 잡지와 그 발행인 '한창기' 선생을 최고의 사례로 꼽고 싶다. 『뿌리깊은 나무』는 1976년 창간된 월간 종합 잡지로 1980년 통권 50호로 폐간되었다. 이름이 시사하는 것처럼 이 잡지는 서양식 문화로부터 벗어나 우리의 토박이 민중 문화가 새롭게 꽃피울 수 있는 다양한 시도를 했다. 이뿐만 아니라 『뿌리깊은 나무』의 순한글 가로쓰기와 세련되면서도 한국적인 멋을 보여주는 편집 디자인은 카피라이터나 디자이너를 비롯한 수많은 문화계 종사자들에게 훌륭한 교과서가 되었다. 하지만 불행하게도 군사 정권에 의해 '계급 의식과 사회 불안을 조성한다.'는 이유로 강제 폐간되었다.

『뿌리깊은 나무』라는 브랜드는 발행인인 '한창기' 그 자체라고 해도 좋다. 그는 한국 토박이 문화의 지지자였고, 동서양을 잘 겸비한 시대 최고의 멋쟁이였다. 그런 그의 생각과 감각이 집약된 결과물이 『뿌리깊은 나무』였던 것이다. 한글 쓰기를 고집하기 위해 저명한 필자들의 글을 빨간 펜으로 수정하고, 반듯한 레이아웃을 위해 글의 일부를 잘라내기도 했던 그의 고집과 노력이 『뿌리깊은 나무』라는 브랜드를 만들었다.

'이 브랜드를 어떤 브랜드로 만들어야 하겠다.'는 비전이나 철학이 없다면 당신은 브랜드 리더가 될 자격이 없다. 리더의 겉모습이 아니라 안에 내재된 가치들이 브랜드에 반영되어야 한다. 옳다고 생각한다면 고집도 부리고, 타협도 거부해야 한다. 당신이 브랜드다.

▽

브랜드가 하나의 집이라면,
중심이 되는 기둥을 만드는 것은 리더의 역할이다.
견고한 브랜드와 그렇지 않은 브랜드의 차이가 그것이다.

과연 재미있는 광고는
효과가 있을까

흥행을 치는 기획

35

#소프트뱅크

광고가 화제가 되던 시절이 있었다. 사람들이 CM송을 따라 부르기도 하고, 광고 카피를 패러디하기도 했다. 광고가 콘텐츠로서 경쟁력을 가졌던 시기였다. 광고가 브랜드에 미치는 영향력도 상당했다. 광고 회사를 잘 만나면 브랜드의 운명이 달라지기도 했다. 그러다 보니 광고 회사도 꽤 선망받는 직장 중 하나였다. 쓸 만한 인재들이 광고인이 되었고 광고의 수준도 점점 올라갔다.

온라인의 등장과 함께 광고의 호시절은 저물기 시작했다. 발 빠른 브랜드들은 페이스북 등의 디지털 채널을 중심으로 기존의 광고와는 차별화되는 영상을 만들어 올리기 시작했다. 이런 콘텐츠는 몇 가지 측면에서 달랐다. 일단 영상의 길이부터 다르다. 우리나라 광고는 대부분 15초로 제작된다. 반면 브랜드가 소유한 언드 미디어earned media나 영상 공유 플랫폼에서는 시간의 제약을 받지 않는다. 광고는 지금도 심의를 거쳐야 한다. 반면 디지털 미디어는 그런 제약으로부터 비교적 자유롭다. 광고는 프로그램의 시청률로 효과를 측정할 수밖에 없지만, 인스타그램, 유튜브 등은 조회 수로 객관적인 결과를 알 수 있다. 이런 차이점들은 브랜드가 제공하는 콘텐츠에 변화를 가져왔다. 콘텐츠의 길이나 내용에 대한 제약이 줄어들면서 많은 브랜드들이 조회 수를 올리기 위해 색다른 콘텐츠를 제작하기 시작했다. 재미있는 콘텐츠들은 빠르게 공유되며 기존의 티브이 광고에서는 기대할 수 없었던 확산 효과까지 누리게 되었다.

이런 변화의 결과, 많은 브랜드들은 내용이나 길이에 제약을 덜 받는 디지털 콘텐츠에 더 많은 관심과 예산을 투입하기 시작했다. 모든 디지털 콘텐츠가 주목받은 것은 아니지만, 1천만 뷰를 훌쩍 넘기는 콘텐츠들이 심심치 않게 나오고 사람들 사이에서 이야깃거리가 되기도 했다. 새로운 형태의 콘텐츠 경쟁이 시작되었다. 더군다나 이제는 브랜드 콘텐츠 사이의 경쟁이 아니라 모든 콘텐츠와의 경쟁이었다. 그렇지 않아도 볼 것이 늘어나는 환경에서 상업적 의도가 있는 브랜드 콘텐츠가 주목받기 위해서는 더 많은 노력이 필요했다. 브랜드의 마케팅, 커뮤니케이션 담당자들의 관심과 KPI Key Process Indicator(핵심 성과 지표)는 콘텐츠의 조회 수로 옮겨 가기 시작했다. 기발하고 창의적인 발상의 콘텐츠들이 속속 등장했다.

나는 이런 현상에 대해 근본적인 질문을 던지고 싶다. 과연 이런 콘텐츠들은 브랜드의 가치를 올리는 데 얼마나 기여하는 것일까? 물론 이 질문은 15초짜리 티브이 광고에도 똑같이 적용된다. 광고나 디지털 콘텐츠가 브랜드의 매출이나 가치 상승에 얼마나 영향을 끼치는가에 대한 명확한 상관관계는 밝히기 어렵다. 수많은 요인이 복잡하게 연관되어 있기 때문이다. 광고의 경우는 브랜드 캠페인 전체를 이끌고 가는 중심으로서 주로 브랜드나 캠페인의 핵심 메시지와 콘셉트를 전달하는 데 주력한다. 전체 캠페인을 통해 브랜드의 가치를 올리거나 매출을 견인하는 리더의 역할을 한다고 할 수 있다. 반면 디지털 콘텐츠의 경우는 좀 다르다. 조회 수 경쟁은 콘텐츠를 '다르게, 다르게'의 경쟁으로 몰고 간다. 그 결과, 콘텐츠 자체의 차별화와 주목도는 올라갈지 모르지만, 브랜드가 지향하는 메시지와의 연관성은 멀어질 가능성이 높다. 이런 콘텐츠는 휘발된다. 조회 수를 높이고 잠시 그 브랜드가 회자되도록 만들기는 하지만 대부분 거기서 그친다. 그리고 잊힌다. 브랜드를 위한 자양분으로 작용하는 부분은 제한적일 수밖에 없다. 또한 차별화에 집중하는 디지털 콘텐츠는 캠페인의 다른 부분(광고, 프로모션, 이벤트 등)과 효율적으로 연계되기 쉽지 않다.

　브랜드를 위해 제작되는 콘텐츠는 차별화되거나 재미있어서 눈에 띄어야 한다. 하지만 그것으로 충분하지 않다. 그 안에 의도된 요소들이 치밀하게 포진하고 있어야 한다. 그 요소들은 브랜드가 지향하는 메시지를 직간접적으로 전달해야 하며, 캠페인의 다른 활동에 포괄적으로 그리고 장기적으로 활용될 수 있어야 한다.

이를 잘 보여주는 사례 중 하나가, 일본의 이동통신 사업자인 소프트뱅크Softbank가 2007년 선보인 '시라토 가족' 광고 캠페인이다. 디지털 중심의 콘텐츠는 아니었지만 재미와 차별화를 추구하는 접근 방법의 측면에서는 연관성이 있다. 이 광고의 내용은 기발함을 넘어서 엉뚱하다. 말도 안 되는 의외의 가족을 등장시켜 소프트뱅크의 요금제나 각종 혜택을 전달하는 것이 광고의 골자인데, 의외의 정도가 상상을 초월한다. 아버지는 하얀색의 홋카이도견, 즉 개이고, 엄마와 딸은 일본인, 아들은 외국인이다. 무슨 이런 말도 안 되는…. 하지만 시라토 가족의 비논리적 이야기는 철저하게 기획된 것들이다. 예를 들어 하얀색 홋카이도견은 가족 속에서 겉도는 존재로서의 아버지, 그리고 소프트뱅크의 기업 컬러인 하얀색과 소프트뱅크가 제공하는 '화이트 플랜'이라는 서비스를 강조하기 위한 장치이다. 이 캠페인은 10년 동안 100편이 넘는 광고를 통해 소프트뱅크와 화이트 플랜의 메시지를 꾸준히 전달했다. 2007년부터

2014년까지 8년 동안 광고 호감도 1위를 차지했다. 시라토 가족의 아버지, 백구는 소프트뱅크의 상징이 되어 그가 등장하면 굳이 브랜드를 언급하지 않아도 소프트뱅크를 연상하게 되었다. 주목도를 위해 극도로 차별화된 내용 전개와 브랜드가 목표로 하는 것을 달성하기 위한 아이디어가 절묘하게 균형을 이루고 있는 캠페인이다.

홈런 타자도 매 타석 홈런을 치는 것이 아니듯, 소프트뱅크의 시라토 가족 같은 캠페인도 매번 나올 수 있는 것은 아니다. 하지만 홈런 타자가 항상 홈런을 목표로 스윙하듯, 모든 캠페인도 홈런이 될 수 있는 기획을 해야 한다. 주목도만 높이기 위해 차별화된 콘텐츠는 '아니면 말고'라는 식의 헛스윙으로 끝날 공산이 크다. 홈런을 치기 위해 철저히 준비된 스윙은 반드시 홈런은 아니더라도 안타가 될 가능성이 높다.

▽

야구 선수가 타석에 들어서는 이유는
점수를 내기 위해서이다.
브랜드가 콘텐츠를 만드는 목표도
브랜드의 승리라는 것을 잊지 말라.

창조가 아니라 발견이다

핵심 가치에 집중하다

36

웅진 그룹이 성장 가도를 달리던 시절, 새로운 성격의 일을 의뢰받았다. 그룹이 창립 28주년을 맞아 새로운 변화를 이끌어내기 위한 프로젝트의 자문위원을 맡게 되었다. 사실 자문위원은 참견하는 것 말고는 딱히 할 수 있는 것이 없는 자리이다. 그런 자리는 내가 해온 일과 성격이 다른 것이어서 (나는 변화를 직접 만드는 일을 주로 해왔다.) 주저하다가 관련 업무에 보다 적극적으로 개입하는 것을 전제로 일을 맡았다.

새로운 CI도 개발하고, 그것을 외부에 알리는 광고 등의 여러 활동을 준비하는 과정에서 이런저런 조언을 했지만, 정작 중요한 것을 해결하지 못한 것 같은 기분이 들었다. 변화를 원하는 기업과 일하다 보면 종종 겪는 일이지만, CEO가 원하는 만큼 회사 전체가 움직여주지 않는다. 그래서 변화는 목표했던 만큼 일어나지 않거나 용두사미가 되는 경우가 많다. 이 프로젝트도 크게 다르지 않았다. 당시 이 프로젝트를 손수 지휘하던 회장님은 청년처럼 움직이는데, 조직 전체는 다소 소극적이고 정태적이었다. 조직 전체가 보다 적극적으로 움직이는 것이 필요하다는 조언을 했다. 돌아온 답은 "그럼 당신이 해봐."였다.

가장 먼저 CEO의 마음과 정신을 한 줄로 정리해 조직 전체와 공유했다. '28살, 가슴이 뜁니다'라는 슬로건을 만들었다. 당시 청년처럼 움직이던 윤석금 회장의 모습을 옆에서 지켜보며 느꼈던 것을 그대로 슬로건으로 만들었다. 그 슬로건을 중심으로 내부 캠페인을 기획했고, CI 선포식을 겸한 28주년 행사도 진행했다. 자문위원의 권한을 넘는 월권 행위였지만, 조직은 이전과는 다르게 움직이기 시작했다.

파라다이스 그룹의 광고 회사로 일하던 때였다. 내부 직원들이 한숨을 쉬며 고민하던 문제를 해결해야 했다. 이 조직 역시 새로운 단계로의 도약을 위해 다양한 준비를 하고 있었다. 그 일환으로 전문 회사의 컨설팅을 받았는데, 결과물로 받은 하나의 문장이 고민의 핵심이었다. 'Design Life As Art'. 파라다이스 그룹이 지향해야 할 브랜드 가치를 그렇게 부여받은 것이었다. 멋진 말의 나열이긴 한데, 그에 대한 해석이 사람마다 달랐다. 우리의 삶을 예술로 디자인한다는 말인데, 호텔과 카지노를 주업으로 해온 조직 내부에서는 그 문장을 기업의 실체와 연결시켜 해석하는 것이 쉽지 않았던 것이다.

나는 파라다이스 본사 사옥을 처음 방문했던 날의 기억을 떠올렸다. 단순하면서도 세련된 내부 인테리어와 벽마다 걸려 있는 대단한 예술 작품들을 보면서 적잖이 놀랐다. 사옥 전체가 멋진 갤러리였다. 나에겐 그것이 큰 감흥을 주었는데, 매일 그것을 바라보는 내부 직원들에게는 그렇지 않았던 모양이었다. 그런 관점에서 파라다이스가 운영하는 호텔의 구석구석을 들여다보니 디자인적인 요소가 가득했다. 그런 것들을 비주얼로 잡아냈다. 호텔 방의 의자, 주방의 조리 기구, 욕실의 타일, 수영장 등의 아름다운 모습들에 'Design Life As Art'라는 카피를 붙이니 그럴듯했다. 거기에 하나 더해서, 사옥 입구에 걸려 있던 대형 광고판을 다른 용도로 쓸 것을 제안했다. 매월 시의성 있는 소재를 작품으로 만들어 그 앞을 지나다니는 사람들이 볼 수 있게 했다. 여름에는 컬러풀한 대형 슬리퍼가, 가을에는 대형 자전거가, 겨울에는 큰 선물 박스가 그곳을 채웠다.

브랜드의 가치를 소비자에게 전달하는 일은 주로 광고 회사의 몫이다. 광고 회사에서도 CD라 불리는 전문가의 역할이 중요하다. CD는 Creative Director의 줄임말인데, 이 중 Creative라는 단어가 함정이다. 아주 오래전 대우자동차의 유럽 광고를 맡게 된 영국 광고 회사 사람들을 만난 적이 있다. 이들은 한국 방문을 위해 한글로 된 명함을 급히 준비해서 왔는데, Creative

Director라는 직함을 '창조이사'라고 번역해 적었다. 업의 개념을 잘 모르는 한국 사람의 도움을 받아 단어 그대로 번역한 것이다. 웃을 일이 아니다. 우리도 creative라는 단어를 '창조'의 개념으로 착각하기도 한다. 없는 것을 만들어내려 하거나 없는 것을 만들어달라고 하는 경우가 종종 있다.

브랜드의 가치는 브랜드 자신이 만드는 것이다. 광고나 다른 커뮤니케이션 활동은 그 가치를 발견해(필요하면 잘 닦아서) 소비자에게 전달할 뿐이다. 브랜드 스스로도 자신이 만들어놓은, 또는 꿈꾸고 있는 가치에 대해 잘 알지 못하는 경우가 많다. 나는 새로운 프로젝트를 시작할 때 가능하면 최고 의사 결정자와 인터뷰하는 시간을 갖는다. 그 대화 속에서 대부분 답을 찾는다. 최고 의사 결정자의 얘기 속에서 아무것도 찾을 수 없는 경우도 있다. 그런 브랜드는 대부분 핵심적 가치를 갖고 있지 않다. 그런 브랜드일수록 새로운 카피, 차별화되는 광고를 만들어달라는 요구가 강하다. 광고는 땅속에 묻힌 보석을 발견하는 작업이지, 있지도 않은 보석을 만들어내는 연금술이 아니다. 물론 뭔가 억지로 '창조'해 내는 것이 아주 불가능한 일은 아니다. 소비자들이 지금처럼 깨어 있지 않던 시절에는 어느 정도 효과도 있었다. 하지만 이제는 아니다.

요즘도 가끔 재치 넘치는 광고들을 본다. 사람들 사이에 회자되기도 한다. 그래서? 본질적 가치가 없는 제품이나 서비스를 광고 때문에 사본 적이 있는가? 대부분의 성공하는 광고는 본질적 가치가 뛰어난 제품이나 서비스의 핵심을 찾아내 창의적인 발상을 더한 것들이다. (이것이 creative의 의미이다.) 광고는 그저 거들 뿐이다.

브랜드가 성공하기 위해서는 핵심적 가치가 분명해야 한다. 현재 완성되지는 않았더라도 가는 길이 뚜렷하게 보여야 한다. 광고 회사는 그것을 잘 발견해서 창의적으로 포장하면 된다. 문제는 핵심적 가치가 뚜렷이 보이지 않는 경우이다. 이런 경우 광고에 앞서 브랜드 개조가 필요하다. 지향해야 할 핵심 가치를 정리하는 일이나, 브랜드가 가지고 있는 문제점을 개선하는 일을 우선적으로 해야 한다. 하지만 쉬운 일이 아니다. 광고를 의뢰했더니 브랜드의 본질부터 손봐야 한다고 하면 누가 좋아하겠는가? 실제로 이런 조언을 했다가 프로젝트를 제대로 시작하지 못하고 그만둔 경우도 있다.

작은 브랜드가 성공하기 위해서는 깊게 성장해야 한다. 그러기 위해서는 하나의 핵심 가치에 집중해야 한다. 어느 수준까지는 핵심 가치 없이도 시장에서 버틸 수 있다. 하지만 그 이상의 문턱을 넘을 수는 없다. 이때 광고 회사를 찾아 문턱을 넘을 방법을 찾아달라고 한다. 광고로 해결되지 않는다. 성장의 문턱에 걸렸다고 생각할 때 자신을 먼저 돌아보자. 나의 핵심 가치는 무엇인가, 한 줄로 써보라.

▽

뛰어난 광고 회사는 진흙을 뒤져 보석을 찾아낸다.
진흙 속에 보석이 없다면 어떤 가치도 만들 수 없다.
있지도 않은 가치를 만들어주겠다는
광고 회사는 믿지 말라.

브랜드가 말을 걸게 하라

소비자와 강력한 관계를 맺는 일

37

#녹기 전에 #앤더스 프레데릭 스틴

제품의 목표가 팔리는 것이라면, 브랜드의 목표는 소비자와 관계를 맺는 것이다. 이는 결코 동어 반복이 아니다. 좋은 브랜드가 된다는 것은 많이 팔리는 것이 아니라 소비자와 지속 가능하고도 강력한 관계를 맺는다는 의미이다. 일정한 기간 판매량을 최대화하고 그를 통한 수익 극대화를 추구하는 것과는 전혀 다른 개념이다. 이 말의 의미를 이해하는 것이 브랜딩의 첫걸음이다.

소비자(또는 고객)와 지속 가능하고도 강력한 관계를 맺기 위해서는 여러 가지 노력이 필요하다. 진정성을 갖춘 본질은 물론이고, 서두르지 않고 관계를 장기 숙성시키기 위한 인내심 등이 우선 해야 할 것이지만, 이런 것들이 뒤따른다는 것을 전제로 가장 먼저 해야 할 일은 무엇일까? 사람과 사람이 관계를 맺는 방법을 생각해 보면 어렵지 않게 답을 찾을 수 있다. 관계를 시작할 수 있는 고리를 만들어야 한다. 사람들은 그래서 '말을 건다'. 브랜드도 그 일을 먼저 해야 한다. 잘해야 한다. (말을 자연스럽게 잘 거는 사람이 연애를 잘하는 것은 불변의 진리이다.)

큰 브랜드를 중심으로 한 마케팅의 시대에는 말을 거는 시스템이 마련되어 있었다. 광고가 그것이다. 광고 회사를 동원해 멋진 말(카피)을 찾아내고 그것을 티브이나 신문이라는 초대형 스피커를 이용해 전달했다. 돈이 들지만, 편리한 제도적 장치가 말 거는 것을 도와주었던 것이다. 지금도 광고가 이 역할을 하고 있긴 하지만, 그 영향력이나 효과가 예전 같지 않을 뿐만 아니라 가용 자원이 제한적인 작은 브랜드에게는 효과적인 대안이 되기 어렵다. 이런 커뮤니케이션의 틀에 변화를 가져온 것은 인터넷을 기반으로 한 온라인이었다. 상대적으로 적은 비용으로 메시지를 전달할 수 있게 되었음은 물론이고, 비용을 따로 들이지 않고도 메시지를 공유할 수 있는 환경이 만들어진 것이다. 말을 거는 시스템을 활용할 수 있는 능력보다는 말을 잘 거는 재주를 가진 브랜드에게 기회가 생기기 시작했다. 이런 변화를 잘 이용하고 있는 두 브랜드의 사례를 살펴보자.

서울 공덕역과 대흥역 중간쯤에 위치한 좀 긴 이름의 젤라토 가게가 있다. 'Before it melts'. 우리말로는 '녹기 전에'라고 부른다. 하지만 가게 입구에는 그 이름으로 된 간판은 없다. 문앞에 놓인 대형 젤라토 콘 모형과 문 위에 걸린 시계, 그리고 문오른쪽에 붙은 오늘의 메뉴가 지나가는 이들에게 말을 건다. 오늘의 메뉴가 붙어 있다는 것은 매일 다른 메뉴의 젤라토를 판다는 뜻이다. 문을 열고 들어가면 젤라토 냉장고가 정면에 위치해 있고 그 옆으로 몇 개의 앉을 자리가 있는 작은 공간이 나오는데, 이 공간 안 곳곳은 브랜드가 던지는 다양한 메시지로 가득하다. 심지어 젤라토를 퍼주는 스쿠프 손잡이에도 메시지가 붙어 있다. 이곳을 방문하는 손님들도 방명록에 글을 남기고, 이 글들을 하나하나 사진으로 찍어 사장님의 답글과 함께 인스타그램 스토리에 올린다. 카이스트 출신의 젊은 사장님이 화학 공식을 활용해 재미로 만든다는 350여 가지 맛의 젤라토가 메시지 그 자체이다. '녹기 전에'의 사장님은 아이스크림이 녹는 모습을 보며 시간의 흐름을 알 수 있고, 시간이 흐르면 녹기 전의 상태로 돌아갈 수 없는 아이스크림은 항상 '지금'이 가장 아름다운 순간이라는 메시지를 세상에 전달하고 싶다고 말한다. 젤라토를 매개체로 소비자에게 세련된 방법으로 말을 걸고 있는 것이다. 그런 말들은 이곳을 방문한 손님들의 SNS를 통해 수많은 사람에게 전파되고 있다.

프랑스 남부 론 지방에서 내추럴 와인을 만드는 앤더스 프레데릭 스틴Anders Frederik Steen이라는 생산자가 있다. 꽤 많은 와인이 그렇듯, 이 와인의 경우에도 생산자 이름이 곧 브랜드이다. 덴마크의 유명한 레스토랑의 셰프이자 소믈리에였던 스틴은 2013년부터 어떤 첨가물도 넣지 않고 포도 그 자체만을 활용, 최소한의 개입을 통해 실험적인 와인들을 만들어내고 있다. 계절의 변화와 자연환경을 그대로 받아들임으로써 하나의 통일된 맛이 아닌 매년 다른 맛의 와인을 생산하고 있다. 그는 이런 자신의 와인을 알리기 위해 이렇게 말을 걸고 있다. 미니멀한 디자인의 와인 라벨이 그가 말을 거는 매체 역할을 한다. 자신이 만든 와인이 어떤 의미와 맛을 가진 것인지 시적인 짧은 문구를 통상적인 브랜드명 대신 적어 넣는다. 그의 와인을 유명하게 만들어주었던 'New Peach on the Block'을 비롯해, 2024년 출시된 'Should we just rely on luck?', 'Hold me closer', 'Once I had a choice of being better', 'I was born in small town' 같은 와인이 바로 그것이다. 와인 애호가들의 호기심을 자극하기에 충분하다. 말을 거는 재주가 보통이 아니다. 이 외에도 환경 보호에 대한 메시지인 'Don't throw plastic in the ocean, please'라는 문구를 12개국의 언어로 번역해 병마다 다르게 표기하기도 했다.

앞서 말했던 것처럼 브랜드의 최종 목표는 소비자(또는 고객)와 연결되는 것, 가능하다면 지속적으로 강력하게 연결되는 것이다. 연결의 시작을 위해서 브랜드가 고민해야 할 것은 어떻게 상대방에게 말을 걸 것인가이다. SNS라는 환경은 작은 브랜드에게 제한된 비용으로도 말을 걸 수 있는 장을 마련해 주었다. 그렇다면 이제 중요한 것은 말 걸기를 위한 매체비가 아니라 진심을 전달할 수 있는 말 걸기의 기술이다. 위의 두 사례에서 보았던 것처럼 자신의 목표 고객이 관심 있어 할 만한 말을 던져야 한다. 당연히 그것들은 비상업적인 것일 가능성이 높으며, 본질에 뿌리를 둔 진심 어린 것이어야 한다. 그러면 그 말들은 소셜 미디어라는 바람을 타고 더 넓은 세상으로 홀씨가 되어 날아갈 것이다.

▽

모든 사랑은 사소한 말 걸기로부터 시작된다.
브랜드와 소비자 간의 관계도 그렇게 시작된다.
어떤 말을, 어떻게 걸지 고민하라.

Ice cream all you want!

Before Melts

'무엇을'이 아니라
'어떻게'가 중요하다

성공을 위한 필요충분조건

38

2022년 미국에서 출시되어 2년 만에 12억 달러, 우리 돈으로 약 1조 6천억 원의 매출을 올린 음료 브랜드가 있다. 프라임Prime, 정확하게는 프라임 하이드레이션이라는 이름의 이 음료는 출시한 지 2년이 지난 2024년까지도 1초에 3병꼴로 팔리고 있고, 2024년 11월 우리나라에서도 판매하기 시작했다. 특히 영미권의 10대들 사이에서 큰 인기를 얻고 있는 프라임은 어떤 음료이기에 이토록 빠른 시간 안에 폭발적인 반응을 만들어낼 수 있었을까?

이 음료를 만들어 세상에 선보인 것은 대형 식품 기업이 아닌 두 명의 유튜버였다. 각각 2천만 명 이상의 구독자를 가진 로건 폴과 KSI라는 인플루언서가 스포츠 음료를 출시한 주인공이다. 이 두 유튜버는 2018년과 2019년 실제로 만나 복싱 대결을 벌였는데 130만 명의 유료 시청자 수를 기록할 정도로 세간의 화제가 되었다. 이를 계기로 두 사람은 2022년 또다시 인스타그램 라이브 방송을 예고했고, 둘 간의 세 번째 대결이라고 생각되었던 이날의 라이브 방송에서 프라임이 최초로 소개되었다. 이미 수많은 관객을 앞에 모아놓은 상태에서 제품을 선보임으로써 출시 며칠 만에 제품은 미국의 소매점에 깔릴 수 있었고 그야말로 날개 돋친 듯이 팔리기 시작했다. 10대 소비자들 사이에서 SNS를 타고 엄청난 바이럴 마케팅도 이루어졌다. 이렇게 미국에서 시작된 프라임의 열기는 곧바로 영국으로 넘어가 순식간에 스포츠 음료의 강자인 게토레이와 에너지 드링크의 대명사 레드불을 위협하기에 이르렀다.

코코넛 음료 베이스의 다양한 맛으로 구성된 프라임은 그 인기에 비해 맛에 대한 평가는 호불호가 크게 갈리는 편이다. (불호가 더 강하다.) 또한 수량 제한 마케팅으로 초등학생을 중심으로 한 10대들 사이에서 레어템으로 등극한 이 음료는 카페인 200mg을 함유하고 있어 논란의 중심에 서 있기도 하다. 개인적으로 이런 제품이 빠른 시간 안에 인기 브랜드가 되는 현상이 바람직하다고 생각하지 않는다. 또한 이런 인기가 얼마나 오래갈지에 대해서도 확신이 서지는 않는다. (다음 개정판에서는 빠질지도 모르겠다.) 그럼에도 불구하고 프라임의 사례를 소개하는 이유는 이제 '무엇을' 파는가보다 '어떻게' 파는가가 중요한 시대가 되었음을 설명하기에 이만큼 강력한 케이스가 없기 때문이다.

'무엇을'보다 '어떻게'가 중요해졌다는 것은 어떤 의미일까? 이는 이전의 마케팅 시대에서도 일어났던 현상의 새로운 버전이라고 할 수 있다. 제품 간의 기술적 차이가 명확하던 시절에는 마케팅의 역할이 크게 중요하지 않았다. 마케팅 전성기 이전 시대에는 제품의 USPUnique Selling Proposition, 즉 특장점을 잘 전달하는 것이 광고의 역할이었다. 기술의 발전은 이러한 특장점 간의 차이를 금세 따라잡아 제품 사이의 차별화가 점점 어려워지게 되었고, 차별화가 사라진 공간을 브랜드의 이미지가 대신하게 됨으로써 마케팅이 소비 시장을 좌우하는 핵심이 되었다. 지금 그때와 비슷한 일이 SNS를 중심축으로 하여 다시 펼쳐지고 있다. 새로운 제품과 서비스의 특장점만으로는 더 이상 차별화가 되지 않게 되면서 잘 만든 제품이나 서비스를 '어떻게' 파는가가 관건이 된 것이다. 미국에서 선풍적인 인기를 끌었던 화장품 브랜드, 글로시에(21. 브랜드 공동체를 만들라)가 블로그에 모인 팬들을 일순간에 브랜드의 소비자로 만들어 성공했던 것도 '무엇을' 파는가에서 '어떻게' 파는가로의 전환을 잘 설명해 준다.

'어떻게' 파는가가 중요하다는 것을 잘 보여주는 또 하나의 사례가 새턴버드Saturnbird이다. 새턴버드는 캡슐 커피는 물론이고 냉동 건조 캡슐 커피, 일회용 드립 커피 등 커피를 즐기는 다양한 방법이 존재하는 시대에 인스턴트 가루 커피를 파는 중국 브랜드이다. 2008년 커피숍으로 출발한 산뚠반三頓半이 2018년 새턴버드라는 브랜드로 프리미엄 파우더 커피를 출시했는데, 출시 2년 만인 2020년 약 750억 원의 매출을 기록했고, 2023년 기준 중국의 타오바오 티몰에서 인스턴트커피 부문 1위를 차지했다. 물론 중국의 커피 시장에서 인스턴트커피가 차지하는 비중이 다른 나라들에 비해 상당히 높은 편이긴 하지만, 파우더 커피 신생 브랜드가 빠른 속도로 관심을 받으며 성장하는 데에는 특별한 이유가 있다. (우리나라에서도 판매하고 있다.)

일단 디자인이 귀엽다. 다양한 컬러의 원두 보관통 미니어처 스타일로 2020년 레드닷 디자인 상을 받기도 했다. 기존의 다른 커피 제품과는 달리 식품 관련 인플루언서보다는 여행 관련, 또는 촬영 전문 인플루언서를 활용해 소비자의 일상 속에서 브랜드가 자연스럽게 녹아들 수 있도록 홍보한 것도 주효했다. 이 외에도 2019년부터 커피가 담겨 있던 빈 용기를 가져오면 한정판 커피, 쇼핑백, 스케이트보드 등을 선물로 주는 이벤트를 중국 내 56개 도시에 있는 총 196개의 로컬 카페, 독립 서점, 전시 공간 등에서 연 2회 진행하며 환경은 물론이고 지역에 도움이 되는 브랜드 이미지를 구축해 가고 있다. 이러한 새턴버드의 차별화된 활동들이 새로울 것이 없는 인스턴트 가루 커피를 관심의 대상으로 만들고 있는 것이다.

소비자나 고객이 고개를 끄덕일 만한 새로운 제품이나 서비스를 만드는 것이 강력한 브랜드를 만드는 최선의 방법임에는 틀림없다. 하지만 이미 수많은 '새로운 것'으로 가득 찬 세상에서 '더 새로운 것'을 만들어내는 일은 쉬운 일이 아니다. 훌륭한 본질을 가진 브랜드를 '어떻게' 팔 것인가에 대한 고민이 필요한 시대가 된 것이다.

▽

'무엇을' 팔 것인가는 이제 필요조건이다.
'어떻게' 팔 것인가에 대한 고민이 더해져야
성공을 위한 필요충분조건이 완성되는 시대이다.

#새턴버드

에필로그

'작은 브랜드'라는 주제에 관심을 가지기 시작했던 것은 10여 년 전쯤이다. 이렇게 저렇게 생각을 정리해 나가던 중 확신을 갖게 된 것은 농업의 지속 가능성에 관련된 책을 읽으면서부터 이다. 우리의 삶을 더 건강하게 만들고, 땅의 지속 가능성을 높이기 위해서 땅에는 수많은 것이 함께 살아가야 한다는 사실을 알게 되었다. 미생물, 곰팡이, 다양한 종류의 곤충과 동물들 그리고 잡초를 비롯한 작은 식물들 모두 각각의 존재 이유를 가지고 땅을 지속 가능하게 만드는 역할을 한다.

수확량을 늘리는 것이 목표이던 시절에는 농약과 비료가 최선의 수단이었을지 모른다. 하지만 이제는 상황이 많이 달라졌다. 땅에 존재하는 모든 것의 존재 이유를 받아들이고, 그것들이 자신의 역할과 영역을 잘 유지하도록 도와주어야 한다.
모든 브랜드가 한곳을 바라보고 전력 질주하는 것은 이제 더이상 유효하지 않다. 일등이 하나밖에 나올 수 없는 패러다임에서 벗어나야 한다. 브랜드마다 존재의 이유를 명확히 하고 자신만의 영역에서 깊이 뿌리내려야 한다. 작은 브랜드는 그렇게 존재하고 성공해야 한다.

문제는 성장이란 것이 본질적으로 '크기 지향성'을 가진다는 것이다. 하지만 의미 있는 브랜드, 영향력 있는 브랜드가 되기 위해서는 '크기'로 회귀하려는 성장 욕구를 '깊이'라는 기준으로 상쇄해야 한다. 깊게 자라는 작은 브랜드가 늘어나길 진심으로 바란다. (이 책의 유력한 제목 후보 중 하나가 'Grow Deep'이었다.)

이것은 작은 브랜드를 위한 책 확장판

초판 1쇄 발행 2021년 12월 24일
초판 25쇄 발행 2025년 2월 10일

지은이 이근상
펴낸이 안지선

디자인 석윤이
교정 신정진
진행 배효은
마케팅 타인의취향 김경민·김나영·윤여준
경영지원 강미연

펴낸곳 (주)몽스북
출판등록 2018년 10월 22일 제2018-000212호
주소 서울시 강남구 학동로4길15 724
이메일 monsbook33@gmail.com
전화 070-8881-1741
팩스 02-6919-9058

ISBN 979-11-91401-44-8 03320

mons (주)몽스북은 생활 철학, 미식, 환경,
디자인, 리빙 등 일상의 의미와 라이프스타일의
가치를 담은 창작물을 소개합니다.